行动学习

从入门到精通

陈胜茂◎著

中华工商联合出版社

图书在版编目(CIP)数据

行动学习从入门到精通 / 陈胜茂著. — 北京：中华工商联合出版社，2022.6
　　ISBN 978-7-5158-3401-6

Ⅰ.①行… Ⅱ.①陈… Ⅲ.①企业管理—组织管理学 Ⅳ.①F272.9

中国版本图书馆CIP数据核字(2022)第062619号

行动学习从入门到精通

作　　者：	陈胜茂
出 品 人：	李　梁
责任编辑：	于建廷　效慧辉
装帧设计：	回归线视觉传达
责任审读：	李　征
责任印制：	迈致红
出版发行：	中华工商联合出版社有限责任公司
印　　刷：	香河县宏润印刷有限公司
版　　次：	2022年7月第1版
印　　次：	2022年7月第1次印刷
开　　本：	710mm×1000mm　1/16
字　　数：	200千字
印　　张：	16
书　　号：	ISBN 978-7-5158-3401-6
定　　价：	58.00元

服务热线：010—58301130—0（前台）
销售热线：010—58302977（网店部）
　　　　　010—58302166（门店部）
　　　　　010—58302837（馆配部、新媒体部）
　　　　　010—58302813（团购部）
地址邮编：北京市西城区西环广场A座
　　　　　19—20层，100044
http://www.chgslcbs.cn
投稿热线：010—58302907（总编室）
投稿邮箱：1621239583@qq.com

工商联版图书
版权所有　侵权必究

凡本社图书出现印装质量问题，请与印务部联系。
联系电话：010—58302915

推荐序 I

"行动学习法"是企业组织发展的利器

第一次听到"行动学习法"这个名词是 2012 年我在厦钨学院高管培训班的时候，当时我想的是：这大概又是一个换汤不换药的管理工具吧，这很像曾经颇为流行的一首歌曲的名字——《披着羊皮的狼》，而它大概应是"披着狼皮的羊"？

那天下午听了老师的讲授，晚上各学习小组分别选择了一个自己所关心的课题，运用行动学习法展开了团队共创。将一整个套路演练下来，我对"行动学习法"有了新的认识，觉得这套方法在研究、讨论和解决企业的单点问题上还是非常实用的。之后，我将学来的这套理论和方法运用到工作中，在一些重点、难点问题的突破上也取得了不错的效果。

在企业管理实践中，相信很多管理者与我有着诸多共同的烦恼，比如管理干部不善于思考问题，更不善于解决问题，问题解决不了，要么拖延、消极对待，要么推卸责任，致使战略目标无法如期实现；部门或不同岗位人员之间的协作不顺畅、组织执行力不强；企业组织了不少培训，但培训的效果似乎并不那么令人满意等。学什么，如何学，干什么，如何干是每一个管理者需要深思的问题，如何有效地改善这些关乎企业战略意图的实现。通用电气和美国南航空公司在公司商业实践活动中推行行动学习理论，很好地改善了上述问题，并取得了很好的效果，为"行动学习法"在企业管理实践中的应用树立了标杆。

随着本人工作阅历的增加，特别是与陈胜茂先生不断地交流和沟通，回顾当年我对"行动学习法"的认知，可谓相当的肤浅。"行动学习法"不仅在解决一些单点问题上能起到作用，而且在个人的学习发展、组织的变革上也卓有效用。所以陈胜茂先生说"行动学习法"更致力于推动组织的变革，将组织全面转化成"一个学习系统"。

陈胜茂先生不仅在管理咨询行业工作多年，成功辅导多家上市公司员工提升管理效能，而且他在世界500强企业、上市公司也有多年的管理实践经验，他本人就是"行动学习法""知行合一"的成功实践者。他从实践经验中总结出"行动学习法——1733金字塔模型"，具有很强的操作性。本书从"行动学习法"的原理（道）、流程（法）、技术（术）、工具（器）等，并辅之以实践案例，既能对企业高层领导起到管理启示作用，又能作为各级管理者"行动学习"推行的范本，是一本非常实用的管理工具书。

东莞市沃泰通新能源有限公司

郭文清

2022年3月8日

推荐序 II

企业管理变革助推器

正如陈老师在本书的序言中提到的：打造强有力的组织能力，我们离不开对于企业最佳实践的"知"，更离不开应用这些宝贵经验的"行"，而行动学习就是实现"知行合一"的方式。陈老师从 2018 年承担指导郴州钨绩效管理改革工作至今，无论是对于管理流程搭建和试运行过程中的"理论指导实践"，还是对于近年来企业在推进和完善管理实践过程中的"实践修正理论"双循环，都一如既往地给予我们团队最及时、最专业的指导。我们多次建议陈老师把他的管理理论和经验形成文稿或者行动手册。今天看到陈老师的管理著作即将出版，在为陈老师骄傲的同时，更期待此书未来将影响和引领更多的中国企业进步、发展。

此书案例丰富，干货十足，工具实用，读者易于阅读、便于理解；针对问题的实战工具方面，形象地把行动学习的工具、表单、讨论形式等实用的关键点讲清楚、讲细致、讲透彻；实用的应用解析能更好地帮助读者理解组织发展如何通过理论与实践双向循环实现，是团队管理者的操作宝典。

当我再次回顾郴州钨近 5 年的发展过程时，已经能深刻地理解本书中的一些关键决策工具的作用，对这套行动手册的前沿性、系统性、实操性和改善性更加推崇。尤其可喜的是，在陈老师的带领下，在管理的不断实践和深化中，这套行动学习的工具在我们企业中已经成为中层管理人员普遍使用的工具，使用此书中的工具改善组织行为和绩效已经成为我们的自觉行动。管理是科学，也是艺术，更是具备实践性的技能。我本人，以及我们企业，推荐你读这本书，无论是初创期企业还是成熟期企业，都能有新的视角和启发。

郴州钻石钨制品有限责任公司部长

熊旭宇

2022 年春

推荐序 III

钻石钨绩效管理体系成功应用的关键有四：一是培训前，领导层就自我诊断出的管理弱项与咨询老师进行了真实有效的探讨交流，并将沟通中形成的共识转换为培训课程；二是培训中，领导层高度重视培训实效，带着实际问题亲自参加学习并掌握方法；三是培训后，将培训内容与实际情况相结合，带头强力推进绩效考核；四是活学活用培训内容和工具，根据组织绩效、经营目标和企业文化等内容动态调整绩效应用，将培训内容转化为企业内生文化。行动学习联接四个步骤，现实"知行合一"。

——郴州钻石钨制品有限责任公司总经理

李军

引言

企业的成功经验都包含"理论指导实践"和"实践修正理论"的双循环。

行动学习之所以成为企业组织发展的热点，正因为它能够深度融入这个循环，成为企业组织能力提升的助推器。

华为的经验证明：战略不是固定不变的，也会有应急的战略。当战略具有不确定性时，组织需要具备强大的执行能力，能快速、动态地作出响应，以弥补战略预判的不足。

我们打造强有力的组织能力，离不开对于企业最佳实践的"知"，更离不开应用这些宝贵经验的"行"，而行动学习就是实现"知行合一"的方式。

行动学习的"知"包括：

行动学习的内涵（是什么）；

企业行动学习存在哪些误区（不是什么）。

行动学习的"行"包括：

企业的成功案例有哪些？

这些企业最佳实践背后共同隐含哪些规律（"道"）？

这个规律如何转化成每个企业都可以操作的流程（"法"）？

这些流程在应用过程中需要配套哪些技术（"术"）？

在行动学习的企业实操中，配套的工具和表单有哪些（"器"）？

针对行动学习的"知"，本书的第一章介绍行动学习的起源与发展，结合企业实践案例，介绍行动学习用于实操的"金字塔模型"。

针对行动学习的"行"，第二章至第五章分别对行动学习的规律、流程、技术、工具专题陈述。

第六章将对行动学习关键模块进行逻辑图示。第七章则介绍"知行合一"的三种应用场景：管理能力提升培训、速战速决工作坊、深度优化管理变革。

管理者可以通过二至五章内容学习获得行动学习实操方面的技术方案；综合应用则可参照第七章的三类方式，实现组织能力的提升。

华润集团原董事长陈新华曾说："行动学习是真正具有华润特色的组织发展方式，是华润核心竞争力的重要组成部分。"

我相信，好的管理工具是可复制可落地的，好的管理经验应该通过分享使大家实现共知共行。当然受限于个人的水平，书中难免存在错误，望读者批评指正、不吝赐教！如果在阅读本书的过程中有任何疑问或需要帮助之处，可以与我取得联系，欢迎交流探讨。无论如何，希望本书能对国内企业的管理者有所启发，个人写作的初心与目标和建设"骊才知库"公众号的一致：助力中国企业做大做强！

管理咨询顾问&骊才知库创办人陈胜茂

于福建厦门

目 录

第一章　行动学习金字塔

一、行动学习：企业业绩提升的实用工具 / 4

　　1. 作用1：解决经营实际问题，提升业绩 / 4

　　2. 作用2：强化执行力，改变说得多做得少的顽疾 / 5

　　3. 作用3：推动人才梯队融合与人才快速成长 / 6

二、行动学习常见误区 / 7

　　1. 误区一：盲人摸象类 / 7

　　2. 误区二：南郭先生类 / 8

　　3. 误区三：张冠李戴类 / 9

三、案例：通用电气（GE）借力行动学习推动企业变革 / 10

　　1. 行动学习应用于业务战略 / 10

　　2. 行动学习应用于人才梯队建设 / 13

　　3. 关于"群策群力"（WORK OUT）的设计细节 / 15

四、行动学习金字塔模型 / 16

　　1. 四个层次 / 16

　　2. 七个流程模块 / 16

3. 四大学习要素 / 17

4. 行动学习配套常用技术 / 17

5. 行动学习核心工具、表单 / 18

本章小结 / 18

第二章　行动学习之道（原理、逻辑）

一、定义 / 22

二、分类 / 24

    1. 组织行动学习 / 24

    2. 团队行动学习 / 25

    3. 个人行动学习 / 26

三、底层逻辑：知行合一 / 28

    1. 关于"学习" / 28

    2. 朱熹的先知后行 / 29

    3. 王阳明的知行合一 / 30

四、行动学习产生作用的内在原理 / 31

    1. 符合成人学习的规律 / 31

    2. 满足组织发展的诉求 / 34

    3. 符合人类提升精神境界的终极需求 / 34

本章小结 / 36

第三章　行动学习之法（流程、方法）

一、最佳实践：**钻石钨行动学习** / 39

    1. 钻石钨行动学习六阶段 / 39

    2. 钻石钨行动学习的两种模式 / 40

    3. 行动学习三段论 / 42

    4. 应用：用行动学习促进个人与组织发展 / 43

二、**行动学习七步法** / 43

    1. 第 1 步：**问题诊断** / 45

    2. 第 2 步：**教学设计** / 52

    3. 第 3 步：**课堂共创** / 65

    4. 第 4 步：**方案验证** / 91

    5. 第 5 步：**综合实施** / 95

    6. 第 6 步：**复盘巩固** / 101

    7. 第 7 步：**循环提升** / 108

本章小结 / 110

第四章　行动学习之术（操作技巧）

一、复盘 / 113

    1. 复盘的步骤 / 113

    2. 复盘的态度 / 116

    3. 复盘的类型 / 117

二、头脑风暴 / 121
    1. 头脑风暴步骤 / 121
    2. 头脑风暴心法 / 122

三、六顶思考帽 / 123
    1. 六顶思考帽使用步骤 / 123
    2. 六顶思考帽使用心法 / 124

四、团队列名 / 125
    1. 团队列名步骤 / 125
    2. 团队列名心法 / 126

五、开放空间 / 127
    1. 开放空间使用步骤 / 128
    2. 开放空间使用心法 / 129

六、世界咖啡 / 129
    1. 世界咖啡活动步骤 / 130
    2. 世界咖啡使用心法 / 131

七、城镇会议 / 131
    1. 城镇会议使用步骤 / 132
    2. 城镇会议使用心法 / 132

八、群策群力 / 133
    1. 群策群力步骤 / 133
    2. 群策群力使用心法 / 134

九、聚焦式会话 / 136
    1. 聚焦式会话步骤 / 136

2. 聚焦式会话心法 / 138

十、欣赏式探询 / 139

1. 欣赏式探询步骤 / 139
2. 欣赏式探询心法 / 140

十一、鱼缸会议 / 141

1. 鱼缸会议举办步骤 / 142
2. 鱼缸会议使用心法 / 142

十二、私人董事会 / 144

1. 私人董事会活动步骤 / 144
2. 私人董事会使用心法 / 145

十三、未来探索 / 146

1. 未来探索步骤 / 146
2. 未来探索使用心法 / 146

十四、话题世界杯 / 147

1. 话题世界杯活动步骤 / 147
2. 话题世界杯使用心法 / 148

本章小结 / 148

第五章 行动学习之器（工具、表单）

一、工具箱 / 150

1. 逻辑树 / 150
2. 鱼骨图 / 151

3. 柏拉图 / 152

4. 甘特图 / 152

5. 重要性与紧急性二维矩阵 / 153

6. 难易度与收益性二维矩阵 / 154

7. SWOT 矩阵 / 155

8. 目标分析 SMART 原则 / 156

9. 聚焦式会话问题设计模版 / 157

二、表单 / 158

1. 复盘十步分解表 / 158

2. 方案选择矩阵表 / 158

3. 方案风险分析表 / 159

4. 策略（方案）行动计划表 / 160

5. 鱼缸会议记录表 / 161

三、其他武器 / 162

1. 龙虎榜 / 162

2. 行动学习分组名单 / 163

3. 课堂共创计划表 / 164

本章小结 / 165

第六章　行动学习课程图解

一、行动学习金字塔图解 / 169

1. 行动学习 1733 模型 / 169

2. 行动学习金字塔图解 / 169

3. 学习复盘纲要 / 169

二、道的图解 / 170

1. 行动学习定义图解 / 170
2. 学习分类图解 / 170
3. 底层逻辑图解 / 171

三、法的图解 / 172

1. 问题诊断图解 / 172
2. 教学设计图解 / 172
3. 课堂共创图解 / 173
4. 方案验证图解 / 173
5. 综合实施 / 174
6. 复盘巩固图解 / 174
7. 循环提升图解 / 175

四、术的图解 / 176

1. 复盘图解 / 176
2. 头脑风暴 / 176
3. 六顶思考帽图解 / 177
4. 团队列名图解 / 177
5. 开放空间 / 178
6. 世界咖啡图解 / 179
7. 城镇会议图解 / 179
8. 群策群力图解 / 180
9. 聚焦式会话图解 / 181
10. 欣赏式探询图解 / 181
11. 鱼缸会议图解 / 182
12. 私人董事会图解 / 182
13. 未来探索图解 / 183

14. 话题世界杯图解 / 184

本章小结 / 184

第七章　应用场景

一、战略规划解读 / 187

二、战略地图解读 / 188

  1. 企业战略的任务分解——自上而下 / 188

  2. 战略任务的实施路径——自下而上 / 189

  3. 绘制战略地图 / 189

三、战略差距分析 / 190

四、应用场景1：人才梯队培训 / 193

  1. 领导力培训主题 / 193

  2. 专业内容培训主题 / 194

  3. 认知提升的原理 / 194

  4. 管理者领导力提升的标志：情商提高 / 196

  5. 成功案例解析：厦钨学院的高管班培训 / 196

五、应用场景2：速战速决工作坊 / 198

  1. 工作坊主要框架 / 198

  2. 工作坊主要内容设计 / 198

  3. 成功案例：寒锐集团借助工作坊贯彻执行战略与经营计划 / 200

六、应用场景3：深度管理变革 / 203

  1. 战略落地穿透变革线 / 203

  2. 价值链高效运营线 / 205

  3. 组织赋能强化线 / 207

  4. 成功案例：华润行动学习助力企业管理变革 / 209

本章小结 / 210

第八章　行动学习之场：企业大学

一、企业大学内容层面设计 / 213

  1. 企业大学课程体系 / 213

  2. 企业大学教学项目 / 214

  3. 企业大学配套服务 / 217

二、企业大学角色层面设计 / 218

  1. 教研角色 / 219

  2. 教务角色 / 220

  3. 教学角色 / 220

  4. 学员角色 / 222

  5. 行政辅助与管理角色 / 224

三、企业大学流程层面设计 / 224

  1. 教研流程 / 225

  2. 教务流程 / 227

  3. 教学复盘流程 / 229

四、企业大学资源层面设计 / 229

本章小结 / 230

附录　行动学习道、法、术、器全表 / 231

后记 / 232

参考书目 / 234

致谢名单 / 236

第一章
行动学习金字塔

《礼记·中庸》有云："博学之，审问之，慎思之，明辨之，笃行之。"

中国的往圣先贤在几千年以前就用简单的一句话道出行动学习的关键路径。

与之相较的是1945年英国的瑞文斯（Reg Revans）提倡通过小组互助学习解决实际问题，从而获得对事物的深刻理解，其过程包括核心的几个要素[①]：

针对问题采取行动；

成员互相启迪、反思；

探讨形成改进方案；

明确分工，落实计划；

反馈效果，循环学习。

瑞文斯（Reg Revans）同时认为，行动学习具有以下假设或特征：

学习寓于工作之中，没有行动（实践）就没有学习；

正规教育（获得结构化知识）是不够的；

解决难题需要洞察性提问；

学习是自愿的；

问题要鲜活，紧迫难题可以激发学习；

行动学习不是纸上谈兵；

对经验的反思是最好的学习；

与同伴的交流促进学习；

小组共同学习是行动学习重中之重，相互交流产生学习；

内容专家的介入需谨慎；

行动学习重在培养提问洞察力；

不要过度依赖引导师；

科学研究的方法让行动学习有章可循。

---

① 雷格·瑞文斯（Reg Revans）.行动学习的本质[M].北京：机械工业出版社，2016.10。

古人的真言和近代学者们的尝试留给后人更多的是理念层面的启迪，对于企业的管理者而言，他们面临的是实际的经营成果对组织执行力的倒推，即管理者们应该思考行动学习具体应该如何操作才能解决实际问题，推动组织和业务同时进步。因此，关注理论之外，我们更应该关注实操层面的流程、技术和工具。

国外的企业，通用电气（GE）、IBM、花旗银行、强生、西门子等公司借助行动学习快速提升组织能力。近年国内企业如中粮集团、华润集团、李宁公司、广东电信等都成功应用行动学习塑造组织执行能力。

2005年的美国《商业周刊》评价说："行动学习是领导力发展方面最新及成长最快的组织工具"。

一、行动学习：企业业绩提升的实用工具

瑞文斯（Reg Revans）认为行动学习对业绩增长带来乘数效应，它可以推动业务、领导力与组织发展。1998年，世界领导力大师沃伦·本尼斯（Warren Bennis）与百联公司合作，对全球350多家企业的领导力开发进行跟踪研究，结果表明：行动学习是领导力开发领域最常用的方法。

麦肯锡公司2000年对当年美国TOP 50公司的200名高级管理人员调查的结论是：行动学习项目在领导力开发上的作用被证明是既对公司有效，也是个人发展有效程度最高的一种学习方式。

1. 作用1：解决经营实际问题，提升业绩

企业经营的目的是创造价值、服务客户，获取合理收益，最终实现客户、员工、股东等利益相关者的共赢。西门子公司的行动学习所产生的经济效益超过了项目准备期和操作期的费用总和，以致后来产生了约150万英镑的经济效益。

当然，行动学习创造经营效益方面最成功的案例莫过于杰克·韦尔奇带领百年老店GE成功脱困创造经营"奇迹"。

1981年，45岁的韦尔奇接任第八任通用电气公司总裁后，实施大刀阔斧的变革。他让GE的市场价值从1981年其上任之初的120亿美元增至1998年的2800亿美元，成为全球最强大的公司。

通过阅读杰克·韦尔奇的自传[1]，我们总结他的经营之道包括关键几个方面内容：

● 业务重组：根据"数一数二"原则调整产业组合；350个经营单位裁

---

[1] 杰克·韦尔奇.杰克·韦尔奇自传：尊享版.[M]北京：中信出版社，2017.7。

减合并成13个主要的业务部门；淘汰亏损资产，补充战略业务，一出一进进行280亿美元的业务资源配置。

- 组织变革：管理层级从8个层次减到最小3个层次，提升管理效率。
- 精兵简政：合理定岗定编，削减了10多万岗位，提升劳动生产率。
- 行动学习：通过"群策群力（Workout）"激发中、高层的经营思维，共同解决企业没有答案的难题，推动业务进展，形成突破，实现业绩倍速增长。

杰克·韦尔奇将行动学习视作 GE 公司运行模式的核心。他认为，GE 利用和借助行动学习项目使这些学员成为公司最高管理层的内部咨询师。这为解决其他问题提供人才基础。

业务重组是战略问题，组织变革是架构问题，精兵简政是分工问题……经营过程中的种种困难和问题都依靠干部共同面对和解决！杰克·韦尔奇一个人的力量有限，但他敢于引入许多基于行动学习的人力资源管理和领导力培训工具，如"群策群力""公司领导力发展系统（CLD）""业务管理课程（Business Management Course，BMC）"等。他和集团 CHO 联手使公司不同级别部门、职能的员工与管理人员组成"群策群力"团队，讨论他们自己发现的或者高级主管所提出的问题，挖掘小组成员的观点，并通过评估与反思提出能够大幅度改善组织工作的方案。正是行动学习所凝结的集体智慧与杰克·韦尔奇成功推动公司战略、流程、组织、文化多维度的变革为企业的价值提升注入源源不断的活力。

2. 作用2：强化执行力，改变说得多做得少的顽疾

笔者在从事管理咨询工作的过程中，最经常听到企业管理者反馈的问题就是组织的执行力不足。

经过分析和整理，我发现执行力不足的现象主要归纳为以下三类：

- 宏观层面类：高层领导提出明确的战略意图和计划，中基层却没有领会，执行更是偏离方向，效果与期望大相径庭。

- 中观层面类：组织有明确的项目或任务，各协作单位的职责似乎很清晰，但事情的进展过程却经常出现各种情况，各团队都怕担风险，关键时刻无人应战。
- 微观层面类：执行者态度很好，行动很积极，但工作效果却不尽如人意。

上述三类所谓"执行力"问题根源却各不相同。

第一类问题的核心涉及的是战略澄清和战略解码问题，根本解决之道首先是完成战略意图到战略内容的转变，其次是战略内容到战略举措和关键任务与资源分解的转化。解决这类问题的难点在于如何形成团队行动共识。开办以"面向战略共创和解码"为主题的中型行动学习工作坊（详见第七章相关内容：速战速决工作坊）是高效解决这类问题的方式。

第二类问题的核心是解决团队之间分工与动力机制的问题。这类问题的解决，难点在于转变团队的心智模式。管理层要在端到端流程设计的基础上科学授权、分工，提供匹配的激励方案与可持续存在的文化氛围。这类问题的解决需要一定的周期，根据我们的经验，比较适于用深度量身设计的大型主题型行动学习方案去突破（详见第七章相关内容：深度优化管理变革）。

第三类问题核心主要是实现赋能，即提升个人或团队的解决问题的能力和改良方法。解决这类问题的难点在于保证方案的有效性。解决此类问题可以参考小型的行动学习小组培训过程（详见第七章相关内容：管理能力提升培训），通过使用事前设计的引导程序，萃取出众人解决问题的智慧。

3. 作用3：推动人才梯队融合与人才快速成长

华为大学执行校长陈海燕表示："华为大学所有教的东西都是打仗用的东西……换句话来说，华为大学不做精品，只做实践。"[①]

华为根据行动学习思想，以训战结合的赋能方式推动人才梯队的建设：

- 第一梯队（成熟人才）：人才能力达到目标岗位能力全部标准，采取

[①] 陈雨点，王云龙，王安辉. 华为战略解码[M]. 北京：电子工业出版社，2021.9.

精准培养策略，针对目标岗位关键职责进行赋能（见习），或者直接安排人才履行岗位职责（上岗），在实践中快速应战。

● 第二梯队（高潜人才）：人才能力离目标岗位能力标准差两项以内关键项，暂无法承担岗位职责，尚需1至2年时间磨炼。针对这类人才，华为采取聚焦关键项培养的策略，通过课堂过程组与模拟实战等方式提升其技能。

● 第三梯队（储备人才）：人才通常与标准差距较大，尚需3至5年发展才能达标，华为将针对性制订3年至5年的行动学习计划，匹配职业发展规划完成人才的塑造。

二、行动学习常见误区

行动学习的概念很容易理解，但在实操层面却呈现"一个名词，多种理解，百花齐放"的有趣现象。经过观察和梳理，我们认为企业引入行动学习方法时常见的误区包括以下三类。

1. 误区一：盲人摸象类

主要特征：以偏概全，简单把课堂学习内容和业务结合。

● 现象1：传统课程+业务问题讨论（知识内容与问题机械结合，缺乏化学反应）

● 现象2：业务问题导入+分组讨论（缺乏向学员提供增值内容的工作，本质上属于用另一种形式开工作会议）

● 现象3：业务问题导入+传统课程+分组讨论（以组织的视角功利化设计，未激发学员底层意愿）

这类行动学习从狭义上看确实也属于行动学习，但从理论上审视，它最主要的缺陷是对于学员的心智模式转化缺乏必要的认知与设计。

就对实践的观察而言，这类行动学习通常在前几次学习时会让学员有新鲜感，能在一定程度上发现和解决组织问题，但在后期学员将逐渐产生厌倦。学员的学习效果有限和团队方案落地工作无法持续，其结果是组织能力提升和业务实际效果容易出现波动。

弥补这类行动学习不足可以考虑应用"金字塔模型"的促动技术（第三层）、复盘技术（第三层），分别在课堂共创（第二层）、方案实施（第二层）环节中下功夫，推动学员的知与行的充分融合，帮助其建立结构化的思考模式，并促进他们在处理实际业务过程中获得成就感。

2. 误区二：南郭先生类

主要特征：脱离业务，注重培训形式的模仿，追求现场气氛。

- 现象4：采用活泼的现场布置方式，培训内容与以前一致。（新壶装旧酒）
- 现象5：课堂培训+互动引导法应用（有气氛却无效果）
- 现象6：伪问题+传统课程+分组讨论（个人的没有代表性的问题、组织早已经有答案的问题、非组织关键问题或个人关键能力需求）

这类披着行动学习外衣的培训活动的举办很大程度上源于组织者对行动学习的误解。这类所谓的"行动学习"通常是场面上很精彩，组织者和学员们表面上也很努力，但由于其切入点不是基于组织和学员的"痛点"，因而结果上更多是各方面相互的精力消耗，无法带来真实的收益。久而久之，当管理者看不到效益时，这类"行动学习"通常是不了了之，或者管理者去追捧另一个新鲜的名词来维持培训组织者的生存空间。

解决这些伪行动学习问题的方法倒是比较简单：结合企业真实的需求，应用"金字塔模型"的四个层面内容进行从零到一的综合建设即可。要注意的是在导入行动学习时，组织者关键行为应是着重思考行动学习的本质（第一层），找到企业实施行动学习的初心，定位好它的价值预期再考虑具体的方法和工具。

企业不必为追求形式的新鲜感而跟风推动行动学习。从务实的角度看，企业没有管理目的不必培训，没有想好培训价值也别启动培训。正如《爱丽丝梦游记》里那个寓言，爱丽丝问小兔子说："我该怎么走才好呢？"小兔子问："你想去哪呢？"爱丽丝也很茫然。小兔子则追问："没有目标，为何出发？"根据我的观察，一些企业推动培训就和爱丽丝的情况相似，培训的目的都还没想好，那又为什么出发呢？

当企业明确培训的意义和目标之后，流程层面主要关注问题诊断（第二层）、教学设计（第二层）与复盘巩固（第二层）。在实施的过程中，培训的组织方应跳出人力资源的职能视角，更多以经营视角，和组织的一把手实现同频，培训只是手段，实现理想的经营结果才是根本目的。

3. 误区三：张冠李戴类

主要特征：脱离培训，混淆行动学习与行动之间的边界。

● 现象7：不组织培训，直接把个人换岗、轮岗当作行动学习。

● 现象8：简单知识灌输，不研讨不互动，然后直接增加工作任务。（可能会让学习成为工作量加码的借口）

● 现象9：以行动学习的名义组织团建活动。（或许只是争取活动经费的一个理由）

这类活动的出发点可能是多元的，也许包含组织发展的正当性理由，也许未必。因其本不属于行动学习的讨论范畴，本文不展开更多讨论。

其他一些不属于行动学习的方式包括[1]：

● 工作轮岗

● 个人挑战性任务

● 案例研究和商业模拟

● 拓展活动

● 专家咨询方案

---

[1] 雷格·瑞文斯（Reg Revans）.行动学习的本质[M].北京：机械工业出版社，2016.10.

- 运营研究分析
- 管理常识导入

三、案例：通用电气（GE）借力行动学习推动企业变革

行动学习的提出者瑞文斯（Reg Revans）认为："没有行动就没有学习，没有学习也就没有理智和深思熟虑的行动。"GE公司正是在这个理念基础之上，将组织的重大事项作为学习主题，展开与业务场景高度结合的研究和变革，包括战略变革、组织变革、质量管理体系变革、人力与企业文化变革等。这是基于行动学习这个支点，GE撬动组织的活力，为组织内跨层级沟通和职能部门的无边界沟通创造了条件，帮助企业创建一种快速反应、革新和没有边界的文化。见图1-1。

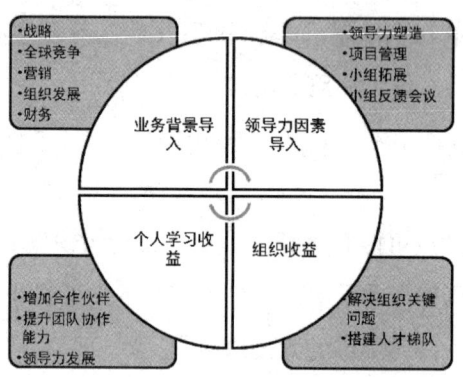

图1-1 GE行动学习教学设计思路

1. 行动学习应用于业务战略

1990年，GE在全球化的过程中面临如何进入东欧市场的议题，对此，公司并不是具体安排某一位高管去思考，而是通过一群人"群策群力"，深入东欧市场进行实地调研和分析。

其行为学习总体过程如下：

第一步：问题诊断

- GE公司要进入捷克、德国、前南斯拉夫三国市场，应该如何切入？
- 进入市场后应该如何竞争？
- 进入市场关键成功要素和组织对应的核心能力是什么？

第二步：教学设计

教学程序设计：

- 课堂知识导入
- 竞争宏观环境讨论
- 当地政府与市场人员访谈
- 当地企业实地调研
- 小组成员共创
- 当地企业补充调研
- 小组报告编制
- 方案汇报演练与完善
- 正式汇报会议与评价

教学主体设计：

- 学员小组：按照业务和职能混合编排，模拟公司运营
- 内部讲师：领导力、战略分析的内容导入者
- 外部顾问：课前，项目经理和教育顾问前往各个国家，与学术组织、政府以及商业组织建立联系，后者将对学员提供针对性帮助。
- 内部顾问：安排高级顾问辅导小组编写报告。
- 管理导师：副董事和他的参谋作为导师小组提意见和建议。

第三步：课堂共创

第一周：小组集中学习，地点在 GE 公司在纽约克劳顿村的培训中心。本周主要面向管理领导力的内容进行知识输入与讨论。

- 全球环境下的企业运营
- 领导才能的挑战

11

- 商业道德
- 管理风格及有效的团队合作
- 领导层有效的反馈
- 生产率的最佳应用

第二周：小组集中进行针对目标市场所在地的竞争的宏观环境讨论，包括以下内容：

- 国家的技术分析
- 世界竞争力
- 国家评估的运用
- 国际政治和社会趋势
- 欧洲
- 国际经济趋势
- 日本作为全球竞争者
- 处理文化差异
- 行业分析

第三周：小组分散到所在市场的国家，与当地政府和市场人员进行访谈与交流。学员分开之前，组织方会进行两个方面行动的安排，第一是提供所前往国家的阅读材料和信息，包括该国的地理环境、历史、风俗习惯以及语言材料和信息；第二是为每个小组举行适应性晚宴。

本阶段包含学习设计三个模块：专家访谈、当地企业实地调研、小组成员共创。

- 输入：政治、财政、经济、社会结构、商业环境、市场结构等。
- 过程：结合前期学习的工具与方法的使用，对信息进行分析处理，厘清思路，建立方案的逻辑假设。
- 输出：市场分析调研表、市场方案假设与初步观点成形。

第四步：方案验证

第四周：学员结合市场调研的线索以及专门信息，将进一步对初始方案进行验证，小组成员将根据验证的需要进行分工，分别就关心的问题细化拜访的企业目标。组织者将根据需要为学员们提供必要的条件，例如翻译、目标企业协调等。为了确保方案的有效性，每个国家市场的受访企业数量通常不低于40家。

结束市场研究之后，小组的主要精力聚于方案的报告准备。从编制到验收经历三个步骤：小组报告编制、方案汇报演练与完善、正式汇报会议与评价。

首先是小组对方案分工、内容和展示方式等方面的讨论，这个工作从初步观点形成后就着手进行，直到返回总部前都持续进行不断的过程复盘和完善。

其次，小组成员将在高级专业顾问的帮助下进行排练和评论，模拟答辩现场的行为。

最后，副董事长将对小组的报告进行审阅与指导，通过反馈会议的形式让小组接受质询。对每个学员的全过程评价将在质询后形成报告，学习项目经理也同时收集学员对整个行动学习的反馈，包括每个教学环节的价值评估和讲师评估。

第五步：综合实施

针对战略问题形成的方案，GE将安排7个月至8个月周期，让团队和个人两个层面推动方案实施，跟踪完成情况，并结合进度情况在中间阶段组织反思和讨论会。

团队层面，评价方案产生的业绩影响。

个人层面，评估行动计划的完成质量、效率、成本等，结果存入未来人才盘点记录。

2. 行动学习应用于人才梯队建设

GE针对管理者的行动学习项目包含三个类型，适用于高中低层不同的梯队人群，分别是：

- 为高级经理开设高级管理开发课程（EDC）

- 为中层经理开设企业管理课程（BMC）[①]
- 为初级管理人员开设管理开发课程（MDC）

GE设计行动学习过程遵循从业务中来到业务中去的原则，强调真实的人在真实的时间内解决真实的问题并采取行动。真实的商业问题包括真实商业计划或项目、业务挑战或机遇、组织问题或任务。真实商业场景不仅能为学员提供学习的机会，同时也能通过学员对问题的解决促进企业决策的有效性增强。

在选题方面，GE认为讨论当前复杂的、迫切需要解决的问题是重点，行动学习是围绕解决问题开展的，问题越复杂紧迫，就越适合采用行动学习方法。因此，一些颗粒度较小的问题根本没有机会列入学习内容，也就是说，行动学习不会将组织资料材料浪费在价值不大或困难不大的课题上。越往高层去，行动学习越向战略决策靠拢，行动学习关注的是企业中长期发展的议题，而不是短期利益问题（避免陷入战术议题）。

在教学设计方面，GE比较突出两点：一是启发学员反思，促进思维模式的转变；二是配备小组教练，让学员在过程中不断得到反馈，降低试错成本。

行动学习的反思既包括对以往思维方式、行为方式的反思，也包括对项目进行中与他人的互动的反思。GE认为行动学习不应过分关注答案本身，而应通过对问题和观点的多维度思考，建立批判性思维模式，通过成员之间的辨思和询问过程形成小组的凝聚力，进而提升系统思考的能力，激发个人和团队的创造性。

关于学习教练活动的设计[②]，学习教练一方面帮助小组解决问题，另一方面意义可能更加重要，即通过一系列的提问帮助塑造员工的信念和行动，促进小组成员实现对上述进行反思的效果。教练的指引主要植根于方案设计到提交，这样的全过程：

---

① 前述"东欧市场"的教学设计就是针对这个阶层而设置。
② GE的教员绝大多数是GE的各级领导，包括杰克·韦尔奇本人。

- 应该怎样聆听
- 怎样更好地构建问题
- 怎样相互给予反馈
- 怎样计划和工作
- 怎样建设假设结构
- 怎样有效验证假设与方案

……

管理者的领导才能对于企业的成功产生关键作用，对于中国企业而言，GE 在人才培养方面的行动学习设计值得学习：首先，是要在真实的并伴有风险的情况下解答战略性问题；其次，不是学习已经有正确答案的解决方法，而是挑战组织不确定答案的难题；此外，整个过程通过企业内部成熟导师的引导，促进学员建立多角度视角，为实际经营决策赋能。

3. 关于"群策群力"（WORK OUT）的设计细节

在课堂共创的模块里面，团队会采用"群策群力"的流程推动讨论进行，主要包括以下步骤：

- 设置团队愿景（感性目标）
- 结合输入信息实施SWOT分析（理性思考）
- 小组成员进行分工承诺（感性约定）
- 制定共创关键行动方向（理性）
- 策划行动细节计划（理性）
- 召开城镇会议收敛与决策（理性决策与感性承诺兼具）

四、行动学习金字塔模型

我们总结十数个知名企业的行动学习成功经验，结合自己企业大学的实操方法，萃取出各家成功的共同要素，形成"行动学习金字塔"模型。它由上而下包含道、法、术、器四个层次的，逻辑自洽的实操方案。如图1-2所示。

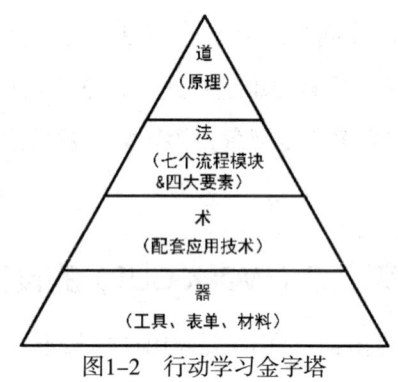

图1-2　行动学习金字塔

完整的行动学习核心方法论包括四个层次（纵向）、七个模块（横向）和三大要素（必要构件）及与其配套的应用技术和工具表单。

1. 四个层次

- 原理层：行动学习产生作用的深层逻辑
- 流程层：行动学习实操过程与可选步骤
- 技术层：行动学习开展过程中的主要应用技术
- 工具层：配套上述学习过程的主要工具、表单、材料

2. 七个流程模块

- 问题诊断：定义组织的关键问题或个人的能力瓶颈

- 教学设计：设计学习地图，裁剪与重组行动学习流程模块
- 课堂共创：通过分组学习、互动、反思、提案、总结等活动组合完成课堂学习设计
- 方案验证：在工作场景中验证问题解决方案并反思与完善
- 综合实施：推广方案及其配套行动，将最佳实践标准化
- 复盘巩固：周期性复盘教学成果与业务结果，通过信息技术等手段强化行动学习成果
- 循环提升：扩大教学的覆盖面，巩固业务实践的稳定性

3. 四大学习要素

- 关键议题：行动学习为解决组织与个人的关键问题而设置，学习面向价值创造[①]
- 学习程序：关注学员的知识工具的输入与问题解决方案的要素设计
- 应用场景：关注学员在不同应用场景灵活运用知识、工具，落实方案的要素设计
- 心智模式：促进学员在整个过程中的批判性思考、创造性激发的心智提升设计

4. 行动学习配套常用技术

行动学习的课堂共创过程中将大量应用与启发反思、促动引导相关的技术，主要分为三大类：

- 创意发散呈现类：如团队列名、头脑风暴等
- 意见评价收集类：如议题世界杯、鱼缸会议等
- 方案决策收敛类：如集体投票、城镇会议等

相关技术较多，本文将根据使用频率、使用效果，进行筛选后进行技术

[①] 马奎特（Marquardt,M.J.），杨（Yeo,R.K.）.行动学习应用：全球最佳实践精粹[M].北京：机械工业出版社，2014.11.

使用讲解（详见第四章相关内容）。

5. 行动学习核心工具、表单

- 工具类：方案决策二维矩阵、鱼骨图、SWOT、逻辑树、战略地图等
- 表单类：行动计划分解表、复盘模版、促动技术表单等
- 材料类：小组PK龙虎榜、课程设计表、分组模版等

本章小结

本章介绍行动学习的现实作用：改善经营业绩、提升组织执行力、建设人才梯队；分析国内开展行动学习的三类常见误区：以偏概全、脱离业务、张冠李戴。

在总结GE行动学习成功实践案例的基础上，笔者提出行动学习在实操方面的方法论：行动学习金字塔模型，包含理论、流程（七个模块、四大要素）、技术和工具。

第二章到第五章将分别围绕道、法、术、器这四个层面展开说明。

第二章
行动学习之道（原理、逻辑）

20世纪30年代的英国煤矿生产力不高，工人士气低落。为改善经营效率，瑞文斯尝试通过自下而上的方式解决问题。他把员工分为4至5人的问题分析小组，让每个人轮流陈述问题，反思现状，再让其他人相应提出意见，包括提出质疑和经验。经过主客双方陈述、质疑、分享经验，启发当事人找到问题的解决方案……通过问题的解决，持续不断地改进，该矿区的生产力提升30%。[1]

1968年瑞文斯受比利时政府邀请参与改善比利时经济状况，他通过组建团队群策群力分析现状、分享知识经验、共同解决问题，项目获得极大成功。1971年他在《发展高效管理者》一书中总结行动学理论，他认为：行动学习＝结构化知识＋洞见性提问。

1974年GE总裁在电视上看到瑞文斯在比利时主导的行动学习活动报道，邀请其进入GE。1981年杰克·韦尔奇接任CEO和哈佛合作开发新的行动学习项目（注：详见第一章相关内容），借此简化运营流程，提升组织执行力。杰克·韦尔奇的改革取得巨大成功，公司市值从1981年的130亿美元上升到2001年的4800亿美元。

1994年郭士纳在IBM推广行动学习，开发了自己的行动学习方法论ACT（变革加速器），激发团队潜能，转变企业文化。用10年时间从制造业公司转型成全球最大的服务提供商。

在实践的基础上，美国乔治·华盛顿大学的人力资源专家在《Action Learning in Action》一书中将行动学习重新定义[2]，这是目前最受认可的一个版本。

AL=P+Q+R+I

行动学习（Action Learning）=

结构化知识（Programmed Knowledge）

---

[1] 石鑫.行动学习实战指南[M].北京：清华大学出版社，2021.9.
[2] 刘永中.行动学习使用手册：一本书讲透行动学习如何落地[M].北京：北京联合出版社，2015.12.

＋质疑（Questions）

＋反思（Reflection）

＋执行（Implementation）

鉴于行动学习对企业经营的巨大作用，花旗、壳牌、波音、强生、西门子纷纷引入使用。中国在20世纪90年代中组部培训中心主任陈伟兰通过外教将行动学习法引入中国，帮助甘肃政府部门改进学习。陈伟兰认为：行动学习法是学习知识、分享经验、创造性研究解决问题和实际行动"四位一体"的方法，学员从自己工作中的实际问题开始，经过学习和反复思考、研讨，逐步理解问题并制定解决问题的方案，最后付诸行动。经过一段时间的行动后，学员再进行总结、反省，找出问题和解决问题的对策，再付诸行动。如此不断反复，构成行动学习的全过程。①

2003年华润董事长陈新华支持陈伟兰把行动学习法引入华润，从解决具体问题入手推动公司变革与成长，项目取得巨大效益。2004年原华润总经理宁高宁入主中粮，带领中粮集团从一家粮食贸易企业转型为一家全产业链粮油食品企业。此后，中国银行、中海油、东风汽车、华为、腾讯、百度、京东都不同程度引入行动学习促进企业经营。

华润和中粮的实践说明，行动学习不仅仅是"知识—执行"的简单循环，还需在创造性研究解决实际问题、形成解决方案的基础上，通过实践形成结果；在此基础上，经过多次复盘和总结，将项目学员的能力转化为可持续提供的组织能力。

从实践的意义层面讲，原有的行动学习公式 AL=P+Q+R+I 已经无法涵盖解决方案和复盘巩固的内容，应进一步延伸和补充其定义。

---

①陈伟兰.行动学习法在我国公务员培训中的实践-甘肃省中高级公务员培训案例[J].国家行政学院学报，2002.3.

一、定义

行动学习＝学习结构化知识＋质疑、反思＋制定解决方案＋得出实践成果＋复盘巩固

经过企业内行动学习的实践和提炼，我们认为行动学习不仅对于企业或组织有帮助，对于团队增加战斗力以及个人都具有实践价值。行动学习针对不同场景的应用方式和定义范围是不一样的，但由以下要素构成。

有意义的问题。不论是个人还是组织，启动行动学习前务必要注意识别和排除伪问题，突出行动学习的目的。

有结构化的知识导入与吸引。既然是学习，那么学习者应该能在原有知识架构上链接新的模块，形成更加结构化和系统的知识体系。因此，行动学习通常要求学员保持"空杯心态"，在学习过程中不断"放下"固执与成见，以积极地吸纳的态度去尝试接纳和拥抱新的知识。

有综合视角下的质疑。观察任何事物都有不同的视角，尤其针对经营的问题更是如此。我们不能总以自己的视角去评判对错，更大的意义在于学习者要敢于让自己"看见"别人的视角！这就需要多角度的质疑，让不同的参与者提供线索。这个阶段，人们最容易进入的心理误区是把他人的观点当成是对个人的攻击，从而产生不安和焦虑，甚至恼羞成怒。

开放心态下的反思。学习最大的老师是自己，自己的态度和兴趣决定着学习的效率，即学习的"广度"；但学习者最大的阻力往往也是来自自己，因为检讨自己和批评自己势必挑战人走出舒适区。真正勇敢的人是敢于反思敢于承认不足的人，也只有这样才能提升学习的效果，解决学习的深度不够的问题。良好的学习意愿与擅于反思的习惯是成长又快又好的两个动力源。对于组织而言，态度就是核心管理者有变革的决心和意愿，反思就是敢于承认企业

经营中的问题和不足,两者合力就能形成企业不断自我修正、加速发展的良性循环。

有对症下药的解决方案。学习者通过对问题的分析,对本因的探究,对新知识的补充,对自我认知的反思,提出相应的解决思路或方案。这些成果是实践的源头,如果学习缺乏有针对性的解决方案,行动学习将失去"行动",成为纯思想层面的体操。这就对现实没有真正输出影响,更无法提升价值。

有目标地进行方案实施。需要学习者针对问题的提升方案进行实践试运行或全面推动。试运行是验证方案的可行性和适用规律;全面推动则是在更大的范围和更深的程度落实方案,让方案有效性的覆盖面和影响深度充分体现。这一阶段的过程是形成成果的主要过程,不论对于组织还是个人都有决定性的意义。

有选择地学习设计与循环。学习设计主要是针对学习者的不同颗粒度,结合问题本身的大小,设计全流程的模块或是其中几个模块组合。综合性的学习可能是在知识导入环节多次重复,单一行动学习也可能是精简的单次知识导入。行动学习循环包含不同问题的串联式持续改善,也可能是同一问题在不同解决程度的纵向提升,以及在这个过程中对最佳实践的推广和标准化。

综上所述,笔者认为行动学习的恰当描述是在学习结构化知识的基础上,通过质疑与反思,认清事物与内心的本质,找到解决问题或实现目标的方案,并在实践中形成对社会对组织有价值的成果的过程。

二、分类

行动学习在不同层面有不同的类别,虽然有价值的问题或目标、结构化知识、反思质疑的过程和行动实践等主要要素都是一样的,但其根据应用场景和主体的不同明显具有差异性。

1. 组织行动学习

(1)组织诊断得出关键问题。业务方面的问题包括一般业务差距和战略机会差距两大类,前者是在现有业务系统下通过改进运作方式可以改变的,后者则是需要在战略层面调整业务内容才能有实质性突破的。管理方面的问题主要是公司管控、治理等组织效能方面不足。

(2)行动学习小组的组建。小组中最好有各领域管理者代表,让有专业性和代表性的学习者参与,未来推动行动方案的实施也才具有组织资源。

(3)结构化知识模块的设置。例如业务差距模块是评估供应链管理过程中研、购、产、销的整体模块或单点模块;机会差距模块的设置则会考虑战略规划、战略解码与经营计划的组合;管理差距模块的设置则多数考虑组织架构优化、人才梯队赋能、综合激励方案等课题。这些内容既可以单独设置,也可以结合、联结,还可以在某个领域下细分来聚焦话题突破。

(4)小组课堂互动学习程序的设置。从这个学习过程中为参与者带来个人的思考和成长,形成组织问题的解决方案。

(5)小组课后方案的试行与优化。是否试行视问题的难度和影响力而选择,有的改革很急迫,没有时间窗口进行试行,则这个环节可能会省略。根据我们的实际经验,方案验证对于整体实施的成功是有益的,也在一定程度上降低了项目风险,"磨刀不误砍柴工"。

（6）公司正式实施方案。在公司层面推动方案落地通常有一个周期较长的过程，通常无法一蹴而就。集团层面的改革推进也需要多个部门或多个成员企业的配合，因此，行动学习小组的成员构成以及高层人员的支持度是非常关键的因素。方案本身很不错，落地却失败的案例不在少数，从这个层面上看，即使问题很有价值，解决方案也很有针对性，行动学习要成功，最重要的还是顶层支持。

（7）公司扩展方案的相关改革。只要是公司的重要问题，通常是需要多模块共同改进才能形成合力的。例如薪酬改革，薪酬体系设计完，还需要绩效体系和人员能力的评价体系去适配。因此，公司或集团层面的行动学习将配合其他模块的行动学习设计，或在其中为主题模块行动学习配套好落地的条件和支撑。

（8）公司使最佳实践标准化。行动学习小组并不仅是进行课堂学习和方案实践，还需要在不同领域落地实践后，针对应用的场景经验进行总结和固化，形成组织层面对最佳实践的传承。

（9）公司复盘成果并对人员进行激励。组织层面的某一个行动学习关闭之后，学习设计者和学习者代表应该针对整个设计和过程中的优点、缺点进行盘点和研讨，以行动学习的方式反思与质疑，提炼方法论。正式关闭后，一些企业会对行动学习带来的业务改进的量化成果进行评估，对学习人员进行表彰。学习者的表现与其绩效和任职资格等级也将联动。

（10）公司启动新的行动学习循环。行动学习的循环可以是上一个学习项目的关闭后深度提升循环，也可以是关联主题的横向触发。最常见的情况是多个项目并行，针对不同的群体，进行不同程度和模块的教学设计，从而让组织在高层、中层、基层都进行优化，形成学习型组织。

2. 团队行动学习

一个团队的行动学习通常是指没有组织层面的统一安排和设计，但通过践行行动学习的理念，获得团队成员能力与业务提升的学习与实践活动。主要包含以下几方面：

有价值的团队目标与诉求的设定。这个目标当然主要是满足发展的需求，目标与现实之间的落差成为行动学习待处理的内容。另一种对于未来标准的改进也可以作为行动学习的主题，但对团队来说具有重大意义的课题往往是前瞻性的课题，因此发展类行动学习成为团队层面行动学习的主导类型。方案边界的确定通常是成员解决本团队内部的议题，部分会考虑联合周边团队共同进行学习，增强实际应用效果。

周期性的团队共创。在目标主题的范围内，团队成员通过自学或成员共享完成结构化知识的导入和交流，在共创过程中由引导师或负责人进行促动。在反思和引导过程中实现成员对目标的分析，方案的识别和筛选。

团队可控的项目实施。通常团队的行动学习以自有资源为基础展开，进度和控制一般要小组成员自主评价和分析。这个环节关键是团队的负责人保持对项目的关注和资源提供，尤其是信息资源的提供。因为经营数据的变化，团队需要负责人不断地输入，以便于团队进行过程调整和修订。此外，负责人在共创的过程中成为促动师，通过有质量地提问促进团队成员的反思和思维模式的转化。

成果复盘与标准化。团队行动学习的成果展现将放在复盘之后，因为团队的产品、工作性质有差异性，经过复盘之后可以识别其通用性。其他团队参与复盘借鉴经验，再根据自身的情况进行方案修订和应用。确定结果方案的适用范围，管理者对成果进行认证固化，形成团队内或跨团队的标准化方案。

3. 个人行动学习

个人层面的行动学习主要有两种情况：一类是参与组织、团队的行动学习或学习观察，从而实现个人心智模式优化和解决问题能力的双提升。另一类是自我修炼，即根据个人发展目标，选择性地利用各种学习方式获取结构性知识，带着质疑和反思进行实操验证，最终形成解决问题的可行经验。在这两类学习过程中，对于个人底层思维模式和态度的思考贯穿其间，解决问题和情境实践也促进个人修养的进步。

第一类行动学习的过程在组织和团队行动学习部分有所介绍，此处不再赘述，第二类，即个人行动学习过程主要包括如下几个步骤：

个人发展规划与目标的设置。个人学习的指向性不强是多数成年人的通病。成年人通常是遇到问题才去寻求答案，"书到用时方恨少"的窘境产生在于缺乏学习规划和明确的目标。随着知识的碎片化场景越来越多，人们学习方便的同时，也带来知识系统性差的困扰。在这种情况之下，设置中长周期的发展规划是一个必要的动作。通过三到五年的定位，倒推到对某个主题的研究，采用行动学习的方式实现发展目标则是一个经过验证的有效途径。

个人结构化知识萃取。个人的行动学习最大的困难是缺乏引导师和质疑者，因此在这个过程中学习者需要大量的结构化知识输入，并不断转换角色。一方面，作为知识的吸收者，需要不断放下自己的知识包袱，以接纳的心态去面对新知；另一方面，大量的新知在成为可信的经验之前，学习者还需要对之进行审视，特别是质疑知识在不同条件下可能具备的有效性，同时也反思既定经验的问题和可以借鉴的内容，形成系统化的知识结构或者更有操作性的方案。

个人实践与应用。对于通过学习形成的知识，个人可以找到应用场景进行观察与验证，也可以来自验证。这个过程进行的是知与行的融合与提炼，不断去伪存真，沉淀知识精华。

个人复盘与新行动学习模块的启动。个人复盘和组织复盘类似，可以通个这个步骤看看哪些学习卓有成效，哪些行为事倍功半。找到原因和对策，作为下一轮学习的输入内容。

三、底层逻辑：知行合一

心学先圣王阳明作为知行合一的提出者，其对知行合一的理解具有哲学层面的综合性和操作层面的指导性。可符合知行合一思想的理论并不唯一，古今中外都有不少的理论与实践，它们可以作为行动学习的底层逻辑的构成要素。

1. 关于"学习"

儒家学派创始人孔子提出："学而时习之。""学"是对知识的表面性接触，"习"是通过实践深入知识的内核，学与习本质上就是知行合一。孔子提倡身体力行，要求知行统一，言行一致，依靠道德实践来检验。在实施道德教育过程中，他反对空洞的说教，当弟子向他请教怎样成为仁人、君子时，孔子会指导弟子在社会实践中去体会"仁人"和"君子"的蕴涵。

孔子首先强调"知德"，因此他说："君子学以致其道"，"朝闻道，夕死可矣"（《论语·里仁》）。他在强调"知德"的同时也强调"行"的重要意义。他认为"行"比"言"更为重要，"行"是德的落脚点，德不能离开"行"而独存。孔子还把"行"纳入我国古代道德教育的特点和优良传统集中，说："始吾与人也，听其言而信其行。今吾与人也，听其言而观其行。"（《论语·公冶长》）

古往今来，探讨学习的理论甚多，其中关于"学"的要素的阐述包括以下理解：

- 学习是对记忆与回忆、信息的加工。（知识构建）
- 学习是对环境的感知进行概念的转变。（应用情境的匹配）
- 学习是社会协商、思维技能。（心智模式转化）

关于"习"的要素的阐述包括以下理解：

- 学习是一种活动，是相对持久的行为变化。（行动对知识的验证与认知深度拓展）
- 学习分布在知与行中间，是混沌的。（知行不可分）

学习既包含了"学"这一认知活动，又包含了"习"这一实践活动，有效学习是两者有机结合。柏拉图认为，学习真理就应抛去表面现象的干扰，转而从描述事物本质的概念出发，在不断质疑中层层推理，最终得出结论，将理论转化为实践。

2. 朱熹的先知后行

朱熹认为每一类事物都有其与众不同的理，甚至在具体的事物存在之前，事物的"理"已经存在了，正因为这个"理"才产生了"物"。因此，他对于"理"的认知就是"格物"，既有统摄万物的一本之理，也有各自属性定义的分殊之理。不论哪一类，通过格物才能"致知"。这就是说天下之物莫不有其原理、事理，我们不能穷尽弄清这些事物的原理，就不能全知，不能致知。所以使学者及凡天下之物，莫不因其理而穷尽之，达到极致。

关于知与行的关系，他的观点是先知后行，但他并非将两者对立。他突出强调学的重要性，但某种程度上让行相对弱化。如果按朱熹的操作，我们可以无穷无尽地学习外部知识，但不必实践，这就形成不务实的作风。

此外，朱熹的"格物致知"本质上是向外求理，是"入世"实践的一种理论指导，但缺乏内心良知指导下的学习，很容易培养出"精致的利己主义者"。

我们理解朱熹理学之所以为宋朝统治者所喜好，某种程度上是它满足了天下读书人"学而优则仕"的理想，也符合宋朝以"天子"代表"天理"的逻辑，供需双方在国家治理道德方面自圆其说。在这个层面上，朱熹也算是知行合一，知的是封建统治阶级的道德伦理，行的是科举仕途文人实践道路。在这个层面上的"存天理，灭人欲"是一种维护封建统治的诉求，一种号召。

3. 王阳明的知行合一

王阳明通过实践对朱熹的理论产生怀疑。一方面，万事万物的存在是理之所在，则人的主体性何在？另一方面，先知后行如果分割开来看待，则容易出现知行不一。因此，他在龙场艰苦生存之余，于生死一线之间领悟人的本质是人作为人的灵性，这是外部万物所不具备的，心才是人的理之所在。

王阳明强调"心即理"的同时，也提出知与行是一体的，他说："知为行之始，行为知之成。"

王阳明把知行合一作为"至良知"的一个手段，在这个意义层面上更多是针对道德认识与实践而言的，用他的原话是"知善知恶是良知，为善去恶是格物"。因此，这里的知行合一更多意指规范人行为背后的内在道德，对于外界知识的知行合一，他似乎并没有过于侧重。

不论如何，王阳明提出"知行合一"对于行动学习是一个实践指引，他的本质思想是"以出世的心态入世"，就是在获得良知的前提下学习与实践，用"大我"的心态去读书、治军、从政。王阳明是这么说的，也是这么做的：只要良心所向，不论对个人有何危害都义无反顾。笔者认为比起程朱理学的以"入世"为所求的格物致知，王阳明这个提法和实践在境界上胜出一筹。

《遥远的救世主》里的一个角色名字叫"王明阳"，是一个智商极高的人，如果从程朱理学的角度衡量，他格物致知的功夫了得，当算一流人物；但由于缺乏良知这个基础，他把智慧用于替黑道服务，最终获得极刑。这正说明"良知"这个前提对于朱熹的"格物致知"作为前置条件而言的必要性。

根据《遥远的救世主》改编的电视剧《天道》中，"王明阳"最终为了在死前给自己找一个灵魂的空间，愿意坦白，而促使其从顽固抵抗到配合的心理变化恰恰是精神层面对于作为人的价值的终级讨论。其中女主人公的一句台词是"神即道，道法自然，如来"，令他臣服，这实际上类似于王阳明所说的"无善无恶心之体"的世界观：天道规律无所谓善恶，人的良知是这种道，即灵性与自觉。所以作为人，"王明阳"死前也需要洗涤一下灵魂。

行动学习借鉴王阳明的知行合一，南京师范大学的郦波教授的解读可以作为的一个参照：

● 从知到行是理论联系实际的过程，就是王阳明的"事上炼"，在日常工作生活中磨炼（这一点可以对照行动学习的方案试行与实践过程），这个过程包括深入调查、研究现状，找到根本原因及对策（形成真知），然后排除困难，实施方案，形成结果。

● 从行到合是沉浸式体验的阶段，包括头脑模拟、心中揣摩、心灵感悟。（这一点可以对照行动学习的质疑与反思）

● 从知到一就是致良知，按照"大我"的标准，以此指导思想与行动。（这一点从小了说，可以是达到行动学习的目标是有利于组织的重大事项；从大了说就是有为大我可以牺牲小我的革命理想主义精神，或称不忘初心中的"初心"）

● 从知到知行合一是不断重复成为习惯，达到孔子所说的"从心所欲不逾矩"的境界。（对照行动学习就会找到盘复与最佳实践标准化）

四、行动学习产生作用的内在原理

行动学习对中外企业的发展中产生重大影响，取得较大的成果，其产生作用的原理主要是其符合成人学习的规律，满足组织发展的诉求，顺应人类命运共同体的发展趋势。

1. 符合成人学习的规律

以情境认知心理学、建构主义和社会生态学为基础的理论表明，学习不是简单的"发送"与"接收"的过程，学习是需要有意图地、主动地、自觉地、建构地实践。行动是作为连接感知、意识、意图和反思的中间点。

这意味着，成人学习的知与行无法切分，仅仅"知道"是远远不够的，必须将"行动"视作学习不可缺少的组成环节，通过"做"才能真正"理解"所知内容的真切内涵（针对学习本身的实践性）。亚里士多德认为"人行而知，然后知而行"正是这个意思。

学习者面对的课题是有适当挑战性的，这些课题的完成对社会、组织或个人具有重大价值和意义。如果问题太简单或价值不足将无法唤起当事人足够的动力（激发行动的意图和主动性）；可如果问题难度太大，远远超出学习者可控边界，也会引发挫折感而使学习者放弃。

学习与实践的过程同时也是不断发现问题和解决问题的过程，在此期间，学习者将面临挑战，并在质疑与反思中找到根本原因与解决方案，构建新的底层意识和认识模式。这种认识模式将会让成年人既敢于打破陈见，又敢于塑造新架构和视角，从而提升其为不同应用场景"量体裁衣"的能力。

成人的学习本质上是不断地打破原有心智模式再重建心智模式。所谓心智模式就是人在面对某种情境时受内在驱动因素影响做出下意识反应的。它是人面对环境快速反应的捷径，即开启待人处事的不自觉的"心理程序"。彼得·圣吉在《第五项修炼》一书中写道："我们的心智模式不仅影响我们如何认知周围环绕的世界，还决定我们采取何种行动。"

脑科学的研究发现，心智模式产生作用是分由内而外的三个层次：动机意识、思维定式、行为定式。动机意识是人生理和心理面对不同条件的自然反应，例如人遇到危险自觉闪躲，在大脑进行思考前人就自行完成动作。思维定式则是人类的自我保护的心理机制的表现之一，一是习惯性防卫，为保护自己而倾向于证明自己是正确的；二是习惯性无助，在过去挫折经验的影响下产生主动退却和放弃的念头。行为定式则是前两者机制产生作用的外在行为表现的程式。

行动学习的质疑和反思环节中，学员在互动流程中营造团队学习、改变旧习惯的氛围，让学员的心理产生化学反应，从而重塑个人与团队的心智模式。

李中莹在《重塑心灵》中的观点认为：人的聪明程度不是由神经元数量决定的，而是由它们间的连接网络决定的，因为每个人脑都有约1000亿个神经元，人与人之间神经元数量差异在1%至2%，可聪明与否则体现在神经元的连接度上。对于人而言，任何新的声音、景物、活动都会使神经元生长，与其他神经元连接，多次之后，脑神经网络运作成为本能，逐渐构成更广阔的思考能力和相应的心智模式。行动学习相较于传统学习最重要的就是通过综合的刺激方式，更充分地激发成人的脑神经元的互联互通，从而更有效地达到心智转化与能力提升。

传统学习特征：

- 以理论为主，先"学"后"用"。
- 以个人为单位，围绕老师进行学习。
- 以内容为主体进行记忆与重现。

行动学习特征：

- 以实践为出发点，边"学"边"用"。
- 以团队为单位，围绕学员进行引导，老师只是过程进行引导。
- 以解决方案为主体进行共创与实施。
- 配合知行结果检验的复盘强化反思效果。
- 最佳实践标准化应用

行动学习的起点是将"价值与实用"作为主题，即以个人和企业当前所面临的疑难问题为学习主题，将"用"与"学"整合在一个完整的过程中，从而提供在解决问题过程中提升能力的基本条件，让学习者产生意图。行动学习过程中，学习者是主角，老师的作用是引导其以更有效的方式思考与对话，从而激发其内在的潜能，找到突破性的对策（以学习者为主体，其具有学习主动性）。同时，行动学习通常以小组形式进行团队学习，通过学习者相互支持与质疑激发反思和创新（产生新的建构与认识）。总之，从成人学习的角度看，行动学习最好地吻合了上述特征。

2. 满足组织发展的诉求

行动学习的首要特征是解决有价值的实际问题，对于企业而言这就是其经营需要关注并解决的事。有效解决组织自身的战略和运营问题，业绩提升是使行动学习"水到渠成"的手段。

行动学习鼓励领导采用催化技术，通过行动学习过程中的质疑和反思，让学员心智模式实现转化。他们在解决问题的过程中能更好地凝聚人的智慧，参与者提升管理水平，促进学员执行能力提升，也使领导力可以得到升华。因此，行动学习已经成为培养管理者和领导人才的重要途径，是企业人才梯队建设的重要武器。

企业的管理者是反思者，也是践行者，行动学习要求学员不依赖过去的成功经验，模仿成功经验，而是从零开始。行动学习让难题在行动中解决，让小组在反思中成长，这些是行动学习的功用。

行动学习还对企业文化塑造具有实际意义。企业文化本质上是通过全员的行为去呈现。它不是挂在墙上的口号，它更多是源于员工的行动自觉。行动学习一方面促进员工发现问题、解决问题，提升执行力，另一方面也使企业内部形成敢于反思，敢于自我剖析的进步文化，从而推动企业作为学习型组织的建设与发展。

通过行动学习，企业成为一个学习系统，一个跨越部门之墙的无边界的开放体系，即自组织学习系统。这也正是杰克·韦尔奇发起"群策群力"行动学习所希望达到的目标。行动学习实践结果也验证行动学习的重要作用。

3. 符合人类提升精神境界的终极需求

"命运共同体"是我们反复强调的关于人类社会共生发展的新理念概念。当今国际社会各国日益成为一个你中有我、我中有你的"命运共同体"，面对世界经济的复杂形势和全球性问题，任何国家都不可能独善其身。《中国的和平发展》白皮书提出：要以"命运共同体"的新视角，寻求人类的共同利益和共同价值的新内涵。这是一个社会系统角度下看的理想高级境界。

就个人而言，行动学习从单纯的学习技术的培养上升至阳明先生倡导的"知行合一"，就是以"出世的心态入世"，就是以实现"大我"推动行动学习，以个人之力带动组织价值重塑的过程。

笔者认为一个人的探求有两个方向：一个是外向，一个是内向。

外向求是了解事物运转的规律，做事才能实事求是，因为没有调查、学习就没有发言权，这是"入世"的方向。

内向求是寻求个人心灵与精神世界的超脱，修心、修性求觉悟，这是"出世"的方向。

于是可以说一个人学习的无限性是向外无限性和向内无限性的结合，对外求"知识"，对内求"知良"。人们借助行动学习让两个"知"达到平衡，其方法就是"以出世的心态入世"，包括以下三种情形：

第一种是为大我牺牲小我：无数革命先烈为人民幸福献身，就是他们对大众之爱放弃个人幸福。

第二种是一种生活的态度，像罗曼·罗兰所说的，看清生活的真相后依然热爱生活。

第三种是在第二种心态的基础上处事，任何事以最坏的结局作心理建设（发生最坏情况时也不动心——出世），去争取一切向好的机会（每一刻当下要十分努力——入世）。行动学习就是争取一切向好机会的方式和方法，这和阳明先生的"事上炼"的教导有类似之处，即对事情深入调查、认识，洞悉本质之后，为实现符合"良知"的价值，运用各种手段，包括心理建设手段等力求争取获得最佳结果。

第一种情形本质也属于第三类情形的极致的案例。对于和平年代的人而言，能够为社会利益付出努力也算是践行"以出世的心态入世"。

以顾问这个职业为例，向外求"入世"就是不断学习专业技术、获得项目经验，获取更强的能力，行动学习就是最佳方式；向内求就是不断克服"出世"自身的惰性，勤于思考、勤于反思，把心态调整到为满足社会、企业需要的高度上。具体而言，就是不以自己的利益为出发点，而是以服务客户为行动准则去做事。两者的利益看似有冲突，实际上不然。个人为生存和发展获取正当收入是应该的，也是市场行为；但个人获取不能因私利而丧失对客户的真诚。

顾问的行为准则应该是实事求是，站在客户利益角度思考，提供最好但未必最使人舒适的建议。最终客户理解其的良苦用心则会更长久地与其站在一起，与其长期合作发展，双方的利益从长期看是一致的。

此外，行动学习可以使心智模式进行改变，一方面有益于客户成长，另一方面也帮助顾问自我提升，是教学相长的重要方式。

总而言之，行动学习对向外求知、向内修心都有助益，是个人境界提升的一个良方。

本章小结

行动学习的底层逻辑是知行合一。

行动学习产生作用的原理来自符合成人学习的规律和组织发展的需求，符合人类提升精神境界的终极需求。

结合我们的实践经验，行动学习可以定义为学习结构化知识、质疑反思、制定解决方案、得出实践成果、复盘巩固的组合。具体的内容与操作流程，请见下一章行动学习之法（流程方法）。

第三章
行动学习之法（流程、方法）

行动学习的主要定义类似一个粗线条的勾勒，划定的是一个轮廓。这距离实际应用还有较大的距离，组织实施行动需要借助流程进行规范和落地。

　　在提出行动学习流程安排建议之前，我们一起分享一个行动学习推动经营业绩高速提升的典型案例，以此作为后续流程梳理的铺垫。

一、最佳实践：钻石钨行动学习

郴州钻石钨是中钨高新旗下核心钨冶炼企业，自2016年新的领军人李总到岗后启动大刀阔斧的管理变革。通过数年的坚持，总经理李军带领企业扭亏为盈，产量屡创新高，安全、环保达到历史最佳水平，同时人均产量亦超过主要竞争对手而跃居行业之首！

钻石钨的成功固然离不开集团核心成员对管理变革的坚定支持，同样也是以李总为代表的高层和核心干部共同推动精益生产体系、人力资源体系、安环体系建设所带来的。笔者作为其人力体系搭建与优化的参与者，经过持续跟踪观察发现，钻石钨的行动学习也是其成功的一个关键要素。

1. 钻石钨行动学习六阶段

钻石钨公司的行动学习之路主要包含二个时期六个阶段，二个时期是半年的顾问主导时期和三年的自主优化时期。见表3-1

表3-1　钻石钨顾问主导时期和自主优化时期的行动学习安排

顾问主导时期（半年）			自主优化时期（三年）		
阶段一：课前	阶段二：课中	阶段三：课后	阶段四：实施	阶段五：提升	阶段六：传播
实际问题诊断；问题归类、澄清	专业工具学习；问题原因反思；解决方案研讨	顾问导入方案；学员实践应用；学员验证反思；共同完善方案	方案试运行；刚性执行；动态优化；让学习成果和管理优化转化；个人绩效成果和组织经营业绩	借助IT工具进一步固化管理方案并提升效率；自主学习延伸、设计配套管理方案	从中层人员向基层人员及骨干人员传递管理工具与理念；组织新一轮的行动学习，提升组织能力

行动学习的底层逻辑是通过改变人的底层思维促进其行为转化，借行为变化促进其业绩变化，最终个体业绩提升合力汇集成组织业绩突破。

- 行动学习的本质是追求人（或组织）的心智模式的根本转变。
- 行动学习的目标是追求人（或组织）的行为的持久改变。
- 心智模式（Mental Model）主导行为（Behavior），行为决定业绩（Performance）。

因此行动学习被定义为：行动学习是一小组人共同解决组织实际存在的问题的过程和方法，它相信每一个人都有潜能并能在"做"的过程中将这个潜能最大限度地发挥出来。同时，行动学习的力量来源小组成员相互对已有知识和经验的质疑和在行动基础上的深刻反思。行动学习包含对知识工具的学习，对个人自身经验的反思，对他人经验的借鉴与在解决实际问题的过程中成长（解决问题的能力提升）和领悟（转变旧的思想观念），同时也推动组织问题的解决和业绩的提升。

2. 钻石钨行动学习的两种模式

从钻石钨的成功，我们可以总结出行动学习的两个类型：一类是在顾问主导时期的结构化知识学习与反思（A类）；另一类是干部自主优化阶段通过行动与反思，对旧的观念和行为模式进行转化（B类）。

A类是"认知提高型"，包含以下几个关键要素：

- 结构化的知识（K: Knowledge）
- 质疑，即提出有洞察性的问题（Q: Ask Insightful Questions）
- 反思（R: Reflection）
- 执行（I: Implementation）
- 形成新的结构化知识（NK: New Knowledge）

在这个阶段，钻石钨的中高管工作人员通过七次行动学习模式中的分组课堂环节学习结构化的人力资源岗位、绩效、薪酬、任职资格和培训体系的知识内容。在课堂上，管理人员同时针对存在的问题和困难进行讨论，一方面对问题存在的原因进行质疑和追问,另一方面也反思过去自己认知上的不足。顾问老师在上述铺垫的基础上结合管理人员提出的意见和建议,优化咨询方案与设计,提出更"接地气"的可落地方案。这实际上形成了顾问与管理人员之间的相互学习与促动。

课堂之外,顾问老师会不断提出新的问题,让学员在工作实际中去质疑和反思人力资源的相关模块内容,为新一轮的行动学习课堂内容准备"预习"。一方面保持学员们的学习状态,为后续的讨论提供充足的思考时间和空间;另一方面,也为其日后实施变革方案,进行思考与行为模式的转变奠定基础。

B类是"思考与行为模式转变型",包含以下几个关键要素:

- 旧模式(P: Paradigm)
- 质疑,即提出有洞察性的问题(Q: Ask Insightful Questions)
- 反思(R: Reflection)
- 执行(I: Implementation)
- 新范式(NP: New Paradigm)

当顾问离场后,钻石钨的管理人员并没有终止行动学习的过程,而是在李总的号召下开始落实咨询方案内容,推动课堂上的结构化知识与业务场景的对接与应用。钻石钨首先从组织架构变革开始,将生产车间一分为二,细化对主价值链环节的过程控制;紧接着体现"多劳多得"的绩效薪酬体系原则,逐步拉开"奋斗者"与"南郭先生"的收入差距,同时将绩效结果与管理人员"能上能下"紧密结合。在生产和管理两手抓的强势改革中,钻石钨的产量屡创新高。这个成果的获得很大程度上是由于该企业在现代管理体系的配合下,其管理者充分调动了员工积极性。

为了进一步提升管理效率,在管理流程安排日渐成熟的条件下,钻石钨在其综合部熊部长的设计下实现绩效管理流程的信息化,减少管理成本的同时提升绩效信息工作的效率和透明度。在此基础上,协调团队资源,自主优化任职资格体系与薪酬体系,让管理与业务进一步结合。其中一个有趣的转变是食堂人员的绩效管理。

食堂原来的考核表无法激发人员的积极性，简单的满意度评价也无法建立和收入的直观联系。熊部长果断采用食堂刷卡人次金额与食堂团队员工薪酬挂钩的方案，促使食堂工作人员为吸引更多员工在食堂用餐，自主改善环境，不断推出新菜品……几个月下来，原来受人诟病的部门令人耳目一新！这正是"思考与行为模式转变型"行动学习又一个事例：改变了食堂工作人员的心智模式，而后通过心智模式变化促使行为转变，最终形成食堂与员工双赢的局面。

3. 行动学习三段论

钻石钨团队的行动学习最佳实践给我们带来很大的启发：真正的行动学习不仅仅是在课堂上分组讨论和互动，不仅仅是课前进行问题分析和导入，不仅仅是形成解决方案……行动学习在实操层面可以总结为由"学习程序＋应用场景＋心智模式"三个构面组成。

学习程序：包括几天的课堂问题导入学习、小组研讨、方案分析与达成共识等。

应用场景：包括方案与实际业务对接，进行实操，在实施中发现问题，然后反思与调整方案，不断优化形成组织能力和业绩成果。

心智模式：包括学习前问题的提出，课堂里对问题产生根源的追问，对自己的反思，对其他成员经验的借鉴和审视；带着结构化的知识和方案，在实践中对自身心智模式进行反思和调整，促发个人和团队行为的变化。

上述三个构面让我联想起王阳明对"知行合一"的诠释："知之真切笃实处即是行，行之明觉精察处即是知"。我想，某种程度上学习程序主要解决的是"知"的问题，应用场景更多解决的是"行"的方面，行动学习的心智模式则贯穿这两个阶段的学习，既是"知"与"行"合一的纽带，也是知行合一的成果。

4. 应用：用行动学习促进个人与组织发展

学习程序：在团队工作中，我们可以根据学习程序的几个要素促进团队成员的理解，启发他们的智慧，凝聚共识，促进业务。主要应用的方法是：聚焦团队面临的问题，让团队成员反思与追问，启发大家的改进意识；通过团队成员的质疑与反思，成员之间的互动，导出可能的解决方案和行动计划。在整个过程中达到分析问题、提出方案、凝聚共识的效果。

应用场景：针对团队形成的方案，在投入应用前广泛听取意见，让利益相关者的声音充分表达出来，为方案的修正提供不同的视角。在进一步完善方案的基础上促进方案的实施，并在实施过程中不断反思问题，调整自己和团队成员的心态，理性面对挑战，使方案与业务达到最佳的匹配程度。在这个基础上设计流程或制度，管理标准化，并共享和推广成果。

心智模式：在学习和实践中形成"发现问题—追问根因—个人问题—客观问题—他人观点—解决方案—促进共识"的思考模式和行为习惯，敢于正视和挑战自己的固有观念，形成更客观的视角和观点，并以此指导自己的行为。

二、行动学习七步法

行动学习七步法分以下七步：

问题诊断：定义组织的关键问题或个人的能力瓶颈。
- 经营差距分析
- 机会差距分析
- 管理差距分析

教学设计：设计学习地图，裁剪与重组行动学习流程模块。
- 目标设计
- 项目设计
- 角色设计

- 学习地图设计
- 资源设计

课堂共创：通过分组学习、互动、反思、提案、总结等活动组合完成课堂学习设计。

- 启动会
- 结构化知识输入
- 知识复盘
- 互动反思
- 方案设计
- 方案决策
- 阶段关闭会

方案验证：在工作场景中验证问题的解决方案并反思与完善。

- 关键群体访谈
- 方案模拟运行
- 方案小结、调整

综合实施：推广方案及其配套行动，将最佳实践标准化。

- 确认实施范围
- 实施与切换计划
- 实施过程监控
- 异常处置
- 配套模块启动

复盘巩固：周期性复盘教学成果与业务结果；通过信息技术等手段强化行动学习成果。

- 项目复盘与验收
- 知识管理
- 制度优化
- 信息化

循环提升：扩大教学的覆盖面，巩固业务实践的稳定性。
- 覆盖面设计
- 新项目设计

1. 第1步：问题诊断

（1）经营差距分析

经营差距是现有经营结果和经营期望值之间差距的一种量化的陈述。

某集团企业的年度经营目标是38亿元，年末实际完成实现的财务结果只有35亿元，相比较落差就是3亿元即有3亿元的业绩差距。通过对财务结果的研究，企业要找出差距存在的原因，从财务情况到市场情况，从市场情况到内部运营情况，逐步挖掘根因，寻求解决之道。

①财务维度分析

财务分析是以股东视角为视角，审视周期内经营成果的达标情况，通常从盈利能力出发，深入调查资金周转、现金流管理等情况。

盈利能力主要指标包括净利润绝对值、销售利润率、盈利增长率、毛利率等。

- 净利润绝对值的主要分析角度一是结果与利益相关方期望值之间的差距，它是企业价值的源泉，本质上是经营产出的刚性结果要求；二是影响净利润变化的驱动因素分析是市场因素还是内部经营管理因素；好在哪，不足在哪。

- 销售利润率主要分析角度是竞争比较。与同一级别的竞争厂商比较，公司的营利能力横向对标后，根据差异寻找我方的优势、劣势，对手的长处、短处。该分析结果一方面将作为下一周期战略分析的素材或是年度经营计划的输入；另一方面也是行动学习项目内容的来源，向对手学习也是一种求进步的思路。

- 以A公司为例，经营层通过净利率分析发现对手在销售费用占比上显著下降，进而发现对手销售渠道开始从线下转线上。转变的直接收益表现是其渠道成本下降，同时线上销售额还能大比例上升，这一负一正构成较有利的竞争优势。对此，A公司在顾问的帮助下，设计实施"如何快速线上转型"的行动学习项目，计划通过六个月追平对手。为强化市场影响力，A公司同步发起"如何进行线下渠道的深入布局，扩展传统优势市场"的行动学习，计划用六个月同步占领对手腾出的线下市场份额。

● 盈利增长率的分析角度。一方面是竞争比较，考察竞争对手盈利提速的动力和可持续性，总结公司推动盈利成长的成功经验与核心能力，为进一步盈利塑造"护城河"。另一方面，盈利增长率也是产品结构规划与调整的风向标，往往是差异化程度高的产品更具有高附加值。

营业收入能力主要指标包括营业收入绝对值、营收增长率、新产品占比等。

● 营业收入规模是一个企业竞争实力的核心指标，著名的世界500强公司的考评首先就是考察营业收入的规模。

● 这个指标的看点在于对内看是整体经营任务完成度的衡量，对外看是竞争的排位的变化。当然看整体的同时，营业收入也应该反映结构的变化，这也涉及另一个指标——新产品占比。

● 新产品占比的上升或下降是一个企业可持续发展的评价要素，如果一个较长的周期内的营业收入中缺乏新产品营业收入的"身影"，股东就应该思考经营团队的经营意图。

● 看营收增长率主要是看发展速度，和目标比，和竞争对手比，通过速度看优势找差距，形成竞争方案的新思路。

成本管理能力主要指标包括单位产品综合成本、三项费用分别占营业规模比重、税负成本占营业规模比重等。

● 单位产品综合成本主要体现包括材料、人工、管理在内的总成本平摊到每类（每个）产品的绝对值，主要的看点是成本竞争力水平。和目标比看预算完成水平，和历史比看进步幅度，和竞争对手比看竞争优势和来源。

● 对于三项费用分别占营业规模比重着重分析研发投入、市场营销投入、管理投入，包含财务费用的结构与规模。一方面考察预算完成率，另一方面根据经营策略调整投入重点。

● 税负成本占营业规模比重是用来评价综合税负成本比重，通过它主要是思考如何通过税收筹划增加企业的竞争能力。

②市场与客户维度分析

市场能力主要指标包括市场占有率、市场排名、品牌价值规模等。

● 市场占有率关注市场份额的动态，公司市场份额上升还是下降，在细分市场的表现情况以及原因、对策。

● 市场排名关注市场地位和所处的阵营，通过排名、结合营业规模识别主要竞争对手，同时也通过排名的位阶定位未来的战略意图。当然，市场排名可以细分产品和地区、分解观察，细分报告的结论也是行动学习常见的课题来源。

● 品牌价值往往没有一个确定的标准，但是通过评估机构可以给出一个计算方案。这个评估帮助观察品牌的市场影响力，可以作为过程营销成果的一个标志，也是未来市场潜力的判断指标。

客户能力主要指标包括客户满意度、客户再购买率、客户推荐率等。

● 客户满意度关注的是高低项的内容和变化趋势，通过评分的波动识别整体满意水平，同时结合高低项的变化明确竞争的长短板，有针对性地进行弥补或强化。行动学习作为一种方式，有利于最终满意度的管理。

● 客户再购买率关注客户的黏性，新客户的第一次再购买率尤其重要。通过识别客户再购买的理由，容易判断公司价值主张与客户需求之间的匹配性。这也为竞争的选择与竞争力的塑造提供一个指引。

● 客户推荐率是在现有用户的基础上关联产生的新客户的概率。通过对这个指标的统计，公司可以识别产品竞争力的客户认可度。同时，受推荐的客户的层次也代表客户的整体画像；当市场面临升级或转型时，这个指标具有成功率尝试性的特征。

价值主张主要指标包括品质、价格、订单周期、准时交付率、品类丰富性、购买便利性等。

● 价值主张从字面上即可理解其意,指标分析的关注点是竞争对标,同时也是客户细分的一个方式:通过关键价值主张的词条聚类分析,我们就可以把客户物证进行分类。对于经营者而言,供应方设计的价值主张和需求方的是否匹配,目标客户成交与实际成交之间是否偏移等都是经营差异分析的因素。

● 对于品质、价格、订单周期、准时交付率、品类丰富性、购买便利性这五个指标,目标客户越偏向终端客户,靠后的指标越重要。例如,手机类的消费市场,品类丰富性与购买便利性对客户的意义往往大于品质和价格。

③内部流程维度分析

研发能力主要指标包括研发产品孵化率、研发项目实施率等。

● 考察研发产品孵化率应关注新技术和新产品转为效益的概率,这个指标考验立项与市场对接的匹配性;从行动学习的角度考虑,主要的改进课题是"如何面对市场精准立项,提高项目成功率。"

● 考察研发项目实施率应关注的是进度目标和实际进度的偏差、成本偏差和里程碑数量偏差。

采购能力主要指标包括供应商等级得分、采购准交率、品质合格率等。

● 供应商等级得分关注的是供应商的分类和名单变化,尤其是对关键供应商的相关评价。评价的差距或作为组织供应商进行行动学习的起点。

● 飞利浦在中国厦门的一家供应商得分低于其准入要求,飞利浦则启动对这家国内供应商的项目辅导,通过一年的针对供应链评价标准约20个细分领域的项目改进,帮助供应商提升整体评分,从而实现其稳定供应保障。

● 采购准交率是一个衡量供应商可靠度的核心指标之一,这个指标关注的是通用物料的供应稳定性和波动情况,同时也评估供应商对于新研发物料保障的能力,后者对于一个新产品的研发有着重要的影响。

● 品质合格率是另一个供应管理的核心指标,它关注品质的稳定性和问题解决的效率。对于精益生产型企业,这个指标决定生产运转整体流畅性的强弱。品质合格率一旦波动,整个供给链条的库存和节拍都将发生连带性的调整。

生产能力主要指标包括生产计划完成率、生产周期、库存周转率、一次交验合格率等。

- 生产计划完成率关注生产的稳定性和计划可靠程度，掌握计划与实际生产进度的差距是生产控制的需要，也是生产节奏管理的要求。如何提升生产计划的完成率可以作为行动学习的课题。以世界500强ABB公司中国某基地元器件生产中心为例，通过一系列的行动学习改进，在优化生产计划质量的基础上，提升其完成率，实现订单交付、库存控制和生产浪费下降的综合效应。
- 生产周期关注生产过程效率，目标周期与实际周期之间的差距显示的是生产交付效率。
- 库存周转率关注仓库周转速度，以及速度背后的资金占用。原材料、生产过程、成品是库存的三种类别，可以分解计算，也有必要综合计算。
- 一次交验合格率关注产品质量的一次通过率，指标水平代表是工艺技术成熟度、加工稳定性和材料稳定性的综合结果。指标水平高则返工率低；相应地，成本上具有优势。

（2）机会差距分析

经营差距分析在财务、市场方面的结论通常显示着企业运营方面的待改进方向。同时，也存在另一种可能，就是对于通过运营的改进无法覆盖的差距，组织往往需要借助业务调整、产品或市场取舍、兼并收购、重大资源投入等手段才有机会实现目标。后者为本文定义的机会差距。

机会差距存在原因可以归结为三类：

- 经营无法弥补的业绩缺口，业务组合或产品组合需要调整。
- 战略所定义的新业务成果未达预期，竞争策略需要转换。
- 业务和策略本身不是问题，主要是能力或资源的应用方式需要重塑。

机会差距引发的思考通常包括以下指标：

- 营业收入增长率低于目标，或低于竞争对手。
- 盈利水平增长率低于目标，或低于竞争对手。
- 市场占有率及细分市场占有率的变化情况，尤其是核心产品的占有率未达预期。

- 品质、价格、订单周期、准时交付率、品类丰富性、购买便利性等价值主张指标对标分析发现异常或不足。
- 客户满意率和客户再购买率显著下滑。

（3）管理差距分析

管理差距主要来源组织效能评价指标的纵向比较（和自己过去比）与横向对标（和竞争对手比）。

劳动生产率关注人均产出效率，代表组织的综合实力。

劳动生产率既反映科技要素驱动、装备要素升级，也反映人才能力含量和组织管理效率。通过对这个指标的分析识别竞争力提升的快慢具有客观性和普遍意义。

考察劳动生产率可以看人均营业收入，也可以是人均产量、人均产值等，是同口径的横向与纵向分析，可得到差距的规模与形成原因。

（4）行动学习的课题拟定

行动学习的课题将根据上述三个类别的差距分析进行筛选。核心的判断依据是对企业经营具有重大影响的问题目前没有明确的决策方案，一旦解决将对相关的指标提升产生较大的作用。

①财务类课题

- 如何提升盈利
- 如何提升营收收入
- 如何降低成本
- 如何提高资产周转速度
- 如何提高毛利率
- 如何降低管理成本
- 如何控制应收账款
- 如何提升资金回笼率
- 如何控制净营运资本占用量

- 如何优化资本结构
- 如何降低资本成本
- 如何改善速动比速

……

②市场类课题

- 如何增加产品销售量
- 如何扩大细分市场占有率
- 如何提升客户满意度
- 如何识别用户价值主张
- 如何延伸销售渠道

……

③内部流程类课题

- 如何提高产能利用率
- 如何提升订单交付率
- 如何提高一次交验合格率
- 如何提升产量
- 如何减少单耗
- 如何缩短生产周期
- 如何减少原料库存、半成品库存、成品库存
- 如何提高金属回收率

……

（5）行动学习准备度评估

启动学习需要事先进行一个判断，组织者事前可以通过以下几个要素进行评估。答案为"是"的越多，成功率越高；若评估的答案里"是"的数量不超过三个，我们认为该行动学习的准备度就不够充分。

- 最高领导是否支持？
- 企业文化氛围鼓励新点子诞生吗？

- 组织内部对改革或改进的普遍态度是正向的还是负向的？
- 是否有一批尝鲜者或自愿者？
- 是否参观过其他成功的案例？
- 竞争对手是否已经开展行动学习？

2. 第2步：教学设计

行动学习的倡导者通常是股东、董事或企业的高层经营者，这个群体因为同业观察发现行动学习的感染力，进而主张发起本企业的学习项目。只有当发起人对行动学习有较深的理解，将之与战略议题结合时才能有效推动并取得效果。

人力资源部或者企业战略中心通常作为行动学习的组织者进行行动学习目标识别与过程设计及实施。

根据我们的经验，企业差距分析是识别行动学习价值的关键，毕竟学习赋能的最终目标是业务提升。学习选题明确之后，组织者应完成学习项目的教学设计。

教学设计应当关注以下原则[1]：

- 选择一个迫切而复杂的组织问题
- 争取得到高层领导的承诺和支持
- 确保行动学习小组成员具有多样性
- 为行动学习小组赋予权力和责任
- 将实践和复盘融入行动学习项目
- 在行动学习中使用提问与反思，培养接纳的心智模式、价值观和态度
- 使用熟练的行动学习小组教练/催化技术
- 为行动学习小组制定明确的时间表和期望
- 建立明确的学习规范并执行

---

[1] 迈克尔·马奎特，罗兰 K·杨. 行动学习应用 [M]. 北京：机械工业出版社，2017.3.

（1）目标设计

行动学习的目标设计根据主要来源差距分析结果的差异，以及对改善期望的确认。

业务发展目标设计分为两类：一类是现实业绩落后于预期业绩，需要弥补差距，这是补短板类；另一类是现实已经达到目标，但组织预期提高，需要挑战更高业绩，这是进取类。不论如何，行动学习都要以业绩提升、指标结果优化作为最终评价依据。

组织发展目标设计分为三类：人才赋能类、人才激励类和组织优化类。

● 人才赋能类：面向人才梯队建设，拟通过行动学习提升关键人才能力与战略岗位准备度。

● 人才激励类：面向人才激励，结合人才参与共同激励优化产品设计与实施。

● 组织优化类：面向组织机制，拟通过行动学习优化管理文化、架构设计、体制机制等。

目标值的选择通常根据组织管理成熟度的不同而有所差异：

● 具有完整的战略管理闭环的组织，它的全面预算体系相对完善，预算配资与战略目标是相互匹配的，因此目标值的确定可以直接引用预算值。

● 设有目标绩效管理的组织，虽然全面预算与业务未完全对接，但其绩效与战略要求基本可以对齐，此时目标值的确定可以采用组织绩效相关指标的中位值或挑战值。例如某集团下属安徽公司的年度产量目标是4000吨，目前只能完成3000吨，则其行动学习以4000吨为验收目标，4200吨作为挑战目标。

● 管理基础薄弱的中小微企业较多依靠创始人的指令作为行动方向，这时目标值的确定可以参考市场增速与现状的实际值进行设计，或者直接访谈创始人以识别其意图。当然，这类企业往往战略缺乏任务规划，中基层与最高层的目标理解、意愿斗志存在显著差距，因此在设置目标的时候也需要结合执行层的意见，评估一个恰当的水平。

（2）项目设计

项目设计是为了解决组织关键问题，提升人才能力而对学习对象、学习内容、学习方式、学习周期与学习评估方法进行的整体规划。

①学习对象

学习的对象通常按专业和管理两个大类进行划分。

专业类学习对象是指初级、中级、高级的各职能专业岗位的人才，企业商学院根据产业的发展要求对其进行差异性培养，通常会使其以关键核心岗位为起点进行切入。例如某个行业企业采取的是技术导向的发展策略，核心竞争力来源是技术开发人员，则该企业将首先将技术序列岗位作为培养对象。

如何识别企业的关键岗位呢？一个有效的方法是结合企业的战略地图，找到每个战略举措相关的岗位，描绘要实现每个战略目标该岗位人员应该具备的能力与条件。通过评估现有人员与标准的差距，相应地，培养对象与内容基本就能形成框架。

从企业的共性角度观察，以下几类专业岗位的人才较多受到关注：

- 市场营销类岗位
- 人力资源类岗位
- 技术研发类岗位
- 战略发展类岗位
- 生产制造类岗位
- 财务管理类岗位
- 采购供应类岗位

管理类岗位的设置实际上比较明确，只是受到企业规模和架构设计的影响，各企业管理岗位的管理分工与管理幅度不尽一致，但总体层次相对清晰：

- 高层管理岗位：定战略、做预算、选人才、设绩效
- 中层管理岗位：优流程、搞绩效、培养人、激励人
- 基层管理岗位：使用人、淘汰人、建班组、打胜仗

集团性企业或跨国企业的管理层次设计可以参照拉姆·查兰《管理梯队》

一书的岗位阶段设计建议：

- 第一阶段：从管理自我到管理他人
- 第二阶段：从管理他人到管理经理人员
- 第三阶段：从管理经理人员到管理职能部门
- 第四阶段：从管理职能部门到任职事业部总经理
- 第五阶段：从任职事业部总经理到集团高管
- 第六阶段：从任职集团高管到首席执行官[①]

②学习内容

培训战略内容模型如图3-1所示。从差异分析得出的关键问题出发，对于经营差异，企业通常在价值链梳理、流程优化、内控设计、运营管理变革等领域实施行动学习。对于战略差异，一般需要对战略意图、战略分析、战略规划、战略解码等内容进行行动学习。对于管理诊断问题，企业则以职能重组、岗位优化、梯队建设、任职资格、薪酬体系、绩效体系等内容进行设计。

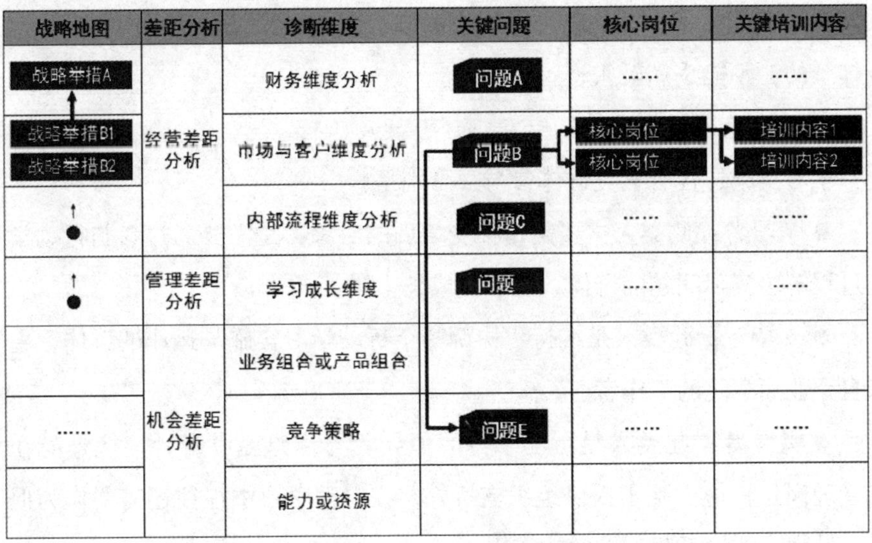

战略地图	差距分析	诊断维度	关键问题	核心岗位	关键培训内容
战略举措A	经营差距分析	财务维度分析	问题A	……	……
战略举措B1 战略举措B2		市场与客户维度分析	问题B	核心岗位 核心岗位	培训内容1 培训内容2
↑●		内部流程维度分析	问题C	……	……
↑●	管理差距分析	学习成长维度	问题		
……	机会差距分析	业务组合或产品组合			
		竞争策略	问题E	……	……
		能力或资源			

图3-1　培训战略内容模型

同时，经过差距分析得到的问题，如果在战略地图之上无法找到对应的

[①] 拉姆·查兰，斯蒂芬·德罗特，詹姆斯·诺埃尔. 管理梯队[M]. 北京：机械工业出版社，2016.8.

举措，作为培训的组织者就应该保持足够的清醒和警惕，应考虑：

- 所分析问题的价值性是否充足？
- 是不是有更重要的问题需要解决？
- 对于此类问题的解决是否已经有清晰的答案？
- 这个问题通过培训的方式能否解决？

我们必须清醒地认识到，不是所有的企业问题都可以通过单一的手段去解决，培训并不是包治百病的良药。行动学习的内容直接来源选题，应该是面向有战略价值的问题，仍没有成熟的答案或解决思路，而且通过群策群力有可能解决的问题才可进入选题与内容设计中去。

为了确保培训内容及对象与组织战略目标具有一致性，笔者设计的"培训战略内容模型"可以作为行动学习设计的参考。

企业的关键待解决问题来自经营、管理、机会差距三方面的分析结果，这些问题都是业务竞争战略举措的映射，相关问题和岗位在逻辑上将形成自下而上的支撑体系，即战略地图的关系链。因此，相关的学习内容设计也是成体系的，不能头痛医头，脚痛医脚。

（3）角色设计

学习实施过程有三类群体参与，分别是：

- 学习者：此类人主要是指接受培训的对象，是需要通过参与行动学习的过程解决实际问题的群体，是学习成长主体。
- 支持者：此类人是维持、协调整个行动学习实施与运作的群体，主要来自企业商学院的工作者。
- 引导者：此类人是行动学习的倡导者与资源提供者，往往是身在高层管理岗位，他们除了提供组织支持外，在行动学习中往往还需要作为促动者、导师、评价者起到助学的作用。

第一类学习者群体包含以下几个角色的成员：

- 小组组长：是学习组织者，根据培训任务分工、协调、落实课堂任务与课后任务。

●学习委员：在学习过程中记录、分析、整理知识，共享经验，同时帮助小组输出方案，呈现作品。

●生活委员：为小组学习的开展提供保障，帮助小组成员解决培训期间的零食、水果供应问题，课后聚餐与研讨硬件问题等。

●宣传委员：帮助所有成员更好地表达，提供演示技巧和表达沟通工具，最终实现小组观点被充分表达与传播，形成有利于小组的决策与外部支持。

必须说明的是，上述几个角色未必是全程固定的，一个角色在过程中可以让多人轮流担当，以便培养成员综合视角。同时，也有可能存在多种角色由同一人"兼职"的情况，一般而言让小组成员自行决定。

作为学习者，在行动学习过程中应当保持一种"温和的激进主义分子[①]"的心态：

●能和团队成员温和地融洽相处，尊重支持他人，乐于学习和帮助他人。

●保持凝聚力与信任，关注小组利益。

●要和团队一起面向共同目标、共同承诺，共同提出策略。

●要敢于改变现状，成为挑战现状的激进派。

●学习过程中要始终让视角在组织内，同时也要适当站在外部考虑问题。

●敢于进行批判性思考，质疑现存的做法、结构、权力关系，更要使用好它们。

●秉持探究精神，为了行动和实践共同努力。

第二类群体是支持行动学习实施与运作的人员，也分为以下几个角色：

●教学研究者：负责行动学习选题制定、课程设计、评估学习成果。

●教学实施者：负责组织课程实施过程服务工作，包括主持、观察记录、软硬件设施在本项目的应用、学员与讲师的组织与服务。

[①] 迈克·佩德勒，克里斯蒂娜·阿博特.行动学习催化秘籍[M].北京：机械工业出版社，2016.3.

● 教学后勤员：负责提供教学与生活的软硬件设施，解决教学过程的食宿问题，负责交通保障，采购必要的教学用具。

第三类群体是行政管理者与内容专家的混合体：

● 学习倡导者：公司高层人员，经营问题解决的最终受益者，也是学习项目的倡导者和赞助者。

● 方案使用者：对决策与行动学习的解决方案进行评价，是投资和验收的人员，往往是问题来源相关职能的负责人，是问题解决的直接受益者。

● 学习引导师：在学员行动学习过程中提问、促动、启发，帮助学员反思，培养学员辩证思维能力。

● 内容专家：在学员的结构化知识构建过程中提供知识、信息和必要的解答。

学习倡导者和方案使用者有时会是同一个群体，他们既提供资源支持行动学习，也是方案验收者。

学习引导师往往会是内容专家在教学过程中增加引导技术的"插件"，从而两个角色合二为一。对于引导师的选择建议其具备以下特质：

● 谦虚但自信。

● 开放且无偏见。

● 有时间观念。

● 学会倾听：倾听并理解别人说了什么，而不是把自己的观点强加于他人。

● 快速理解：能在互动过程中敏锐理解观点，快速梳理各观点之间的逻辑。

● 有效质疑：能提出批判性的疑问，使潜在的问题表面化，产生创造性效果。

● 自我提升：保持学习心态和能力，能从教学互动中学习，并对引导效果进行反思。

● 投身于行动学习，在实践中学习。

- 与他人分享自己的观念与经验，在互动中学习。
- 从行动学习和引导技术的资料与文献中学习。
- 总结与复盘：通过笔记、写作等方式从反思中学习。

上述四个角色在个别的情况下四合一，就是企业最高层担任倡导者兼顾方案评审，并在授课过程中担任内容讲师，在解决问题的方案开发过程中提供引导帮助。

杰克·韦尔奇在 GE 就是这四个角色合一的个体案例，在担任 CEO 的 20 年中，他亲自授课 250 多次。他曾认为自己最成功之处并不是将 GE 从一个传统的制造型企业转型为以服务业和电子商务为导向的巨头（市值翻了 30 多倍），而是通过克劳顿学院的人才培养，为美国企业输出几十个大公司的 CEO。

（4）学习地图设计

学习地图是将上述的参与者与学习内容有机结合的思考结果和策划方案。

大卫·库博的"经验学习圈"理论可以作为行动学习地图设计的一个原理。他认为学习的起点来自人的过往经验（包括亲身经历的和间接学习获得的），然而在实践中将对经验进行观察与反思，在这个基础上进一步归纳、总结成为新的经验，最后再对新的经验进行验证。

经验学习圈循环：

- 第一步：确定具体经验
- 第二步：观察和反思
- 第三步：归纳与总结
- 第四步：测试和验证

行动学习的设计与此高度相似，成人学习都是带着既有经验进入学习状态的，同时又在行动学习的互动反思中重塑经验，最后还通过方案验证实施方案完成学习的闭环。如图 3-2 所示。

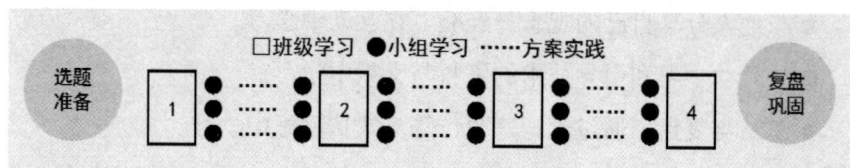

图3-2 学习过程设计

和以胜任力模型或任职资格为起点的学习不同，行动学习的学习目标还是聚焦于业务本身。当然，这个提法不是排斥其他类型的学习。引用行动学习的理念、方法和工具，只是表明行动学习不是面向素质模型而建，而是为问题解决和取得业务成果而设计的，对战略目标的实现具有直接针对性。

为了方便理解，我们比较两者的起点与终点：

以素质模型为起点的学习地图、过程内容包括：

- 识别岗位关键任务要素
- 解析任务需要的素质、态度（A）、能力（S）、知识（K）
- 设计ASK对应的教学内容与教学方式
- 设置课程与过程
- 形成项目与周期排程
- 学习运营交付
- 学员能力测评
- 项目评价

以业务诊断为起点的学习地图过程内容包括：

- 识别组织关键问题与差距
- 针对差距选择学习课题
- 针对课题选择人群并设计学习内容
- 为有效达到学习目标设计学习方式与过程
- 形成项目与周期排程
- 学习运营交付
- 组织问题解决程度测评
- 项目评价

以素质模型为起点的学习地图是从识别岗位要求开始，相对是静态的，而以业务诊断为起点的学习地图过程是动态的根据业务需要而产生的。

从组织业绩影响角度思考，素质模型也是来源战略，服务业务的，但它不直接解决业务问题，只是通过培养人产生间接作用。岗位上的人即使已经具备模型的能力与素质要求，但人是情感动物，人的意愿很大程度上决定其发挥能力的方向与大小，因此面向素质模型的学习需要其他人力模块的配合，比如薪酬绩效，同时需要较长的周期才能对企业的业绩产生影响。

行动学习的学习地图从关键问题着手，为解决问题设计内容与教学方式，安排解决方案的验证与推广，它是高度贴合现实的，甚至它就是在践行业务现实工作，因此对于业务的影响也是立竿见影：行就行，不行也马上可以验证。行动学习的结果应该是通过业务结果的改变来评价的。

培训者对于柯氏的四级评估都不陌生，它是在学习开展的不同阶段对学习成果进行评估：

- 在学习进行阶段评估学员的参与状态。
- 在学习进行的尾声让学员评估对课程和讲师的感受。
- 在学习结束后评估学员的行动变化。
- 在一定时期后验证学员的行动对企业绩效的影响。

国内最普通的培训服务通常是收集各岗位或各部门的培训需求，然后联系一些讲师，或推送一些员工参加外部的大课。这样的培训效果基本上停留在第一层或二层。

以素质模型为导向的培训在国内有一定管理水平的大企业中比较流行，这类企业一般都开发人才测评的工具，然后针对性开展培训，培训方向具有一定针对性和科学性。能够达到这个程度已经难能可贵，但即便如此，这种培训的效果也在第二层与第三层之间，难以到达第四层。

以关键问题为导向的行动学习则直指第四层，从第四层的问题中来，到第四层的问题里去，直来直往，精准打击。它的学习效果是四个层面全覆盖的，而且机动灵活，成本可控，从企业学习投资的"性价比"角度评价，行动学习的优势十分明显。

关键问题为导向的行动学习地图模块设计：

"问题诊断类"行动学习是以业绩结果为输入，以诊断工具的应用和差距分析为过程，以关键问题识别和分类报告为结果的行动学习。这类行动学习是帮助组织识别问题和定义问题，适用于组织的业务结果与预期有差距时，通常是年终或周期性战略复盘时启动。

这类行动学习的主要模块是：

● 课前准备：识别组织战略目标，收集业务结果及相关的底层数据。

● 课堂共创：通过导入企业诊断、差距分析的知识与工具，在导师的启发下挖掘企业指标差距背后的深层问题，然后对问题进行分类并提出优先建议，评估问题的解决对业绩的影响程度（投入产出比）。

● 问题验证：验证问题本身的重要性与逻辑关系，通过竞争调查、内外部专家评审、实地调研等措施评估课堂共创结论的可靠性。

● 综合应用：根据问题的严重度和分类，提供决策层规划与工作任务的输入，有的问题是通过经营过程直接解决的，有些是通过战略投资完成的，有一些则暂时没有明确的解决思路。

● 循环提升：针对上述问题中解决难度大且无现成答案的问题，组织可以将其继续转化为行动学习的课题，启动新的行动学习闭环（链接下文中提到的"问题解决类"行动学习）

"问题解决类"行动学习是朝着问题的解决方案设计的，输入问题本身，过程中利用原因分析、方案共创、方案决策等程序和工具找到解决路径，输出解决方案、行动计划与效益评估等可以转入实操的具体内容。

这类行动学习的主要模块是：

● 课前准备：准备关键问题的课题与相关数据、组织可提供的资源。

● 课堂共创：通过导入问题分析的结果化知识，利用专家提供该问题相关领域的专业知识和工具，包括其他类似问题的解决参考案例；在导师的启发下挖掘企业指标差距背后的根本原因，对于问题解决提出可能的方案；

进行方案决策，对保留方案进行细分设计，形成行动计划与资源配置方案。（注意：组织有一些深层次问题所需要的专业深度过于复杂时，行动学习中认知到这一点但组织自身仍不具备解决此问题的专业能力时，可以借助外部咨询或技术顾问帮助提供方案。）

● 方案验证：在业务的应用场景中进行小规模、小范围的试行，听取内外部专家的反馈意见，从现实和理论两个角度优化方案；小组成员可以定期复盘与交流，共享彼此的经验与信息。

● 综合实施：落实方案中的计划与进行分工，阶段性小组交流，分工完成任务，解决问题。

● 复盘巩固：在验证与解决问题过程中进行复盘，任务结束后以项目关闭会的形式进行总复盘，提炼组织最佳实践，使其进入组织知识库或形成改善的流程与制度。

● 循环提升：扩大培训面，根据问题的价值水平和必要性启动新一轮行动学习。

"认知提升类"行动学习是为改变学员的知识结构与心智模式而设计的，输入组织本身问题，过程中利用原因分析、方案共创等程序引导学员培养应用知识解决现实问题的能力和必要的结构化思维，输出的核心价值是学员知识体系的完善和心智认知能力的提升。这个过程当然也将产出组织问题解决方案，一部分也将转入实施。但是，认知提升类的培养目标还是增强学员解决问题的能力，解决方案本身的有效性不如"问题解决型"那么重要，它侧重课堂学习中的结构化知识的学习，训练反思能力、研讨互动能力。这类行动学习比较类似于传统的学习，对于行动方案的应用性强弱不进行强制要求，但和传统学习不同之处在于学员通常结合所学习的成果、结合自己的岗位工作，进行学员工作场景差异化情况下的问题解决。总之，这类学习是借助组织问题的行动学习锻炼出解决团队问题工作的能力，并将习得的经验应用于团队或岗位关键问题的解决。

这类行动学习的主要模块是：

- 课前准备：准备关键问题的课题与相关数据。
- 课堂共创：通过导入问题分析的结果化知识，利用专家提供问题相关领域的专业知识和工具，包括其他类似问题的解决参考案例；在导师的启发下挖掘企业指标差距背后的根本原因，对于问题解决提出可能的方案；在这个阶段可以安排学员拿出团队或个人的重大问题，借助小组或班级的力量和智慧找到解决方案。
- 方案验证：在业务的应用场景中进行试行，听取方案利益相关者的反馈意见；团队内部定期复盘与交流，共享彼此的经验与信息。
- 综合实施：落实方案中的计划与分工，进行阶段性小组交流，分工并完成任务，解决问题。
- 复盘巩固：团队进行总复盘，提炼团队最佳实践。
- 循环提升：扩大团队行动学习的覆盖面，提升团队成员的知识水平和解决问题的能力。

（5）资源设计

从企业经营角度出发，行动学习的目标是解决问题，因此资源设计方面就不仅仅是考虑学习本身的预算。

课程实施资源设计包括：

- 场地：选择适合行动学习引导的环境与场地，本书推荐相对封闭的地点，脱离日常工作环境为佳。这通常有利学员转换心情和视角去看问题，同时与工作环境区隔开也是针对日常业务干扰学习进行的一种物理隔离。
- 设备：用于教学内容呈现的投影、麦克风、激光笔、音视频录制设备等。
- 设施：能够自由分组围坐的课桌、用于讨论记录的教学白板、课程横幅。
- 道具：行动学习课堂所需辅助教学的一些用具，例如用于启动会的图像识别卡，用于小组汇报呈现的白纸，用于计算贡献的模拟计分牌或计分币，记录小组竞争分数的《龙虎榜》等。
- 内容材料：《学员手册》用于学习过程的介绍、课程日程安排，记录学员信息、分组信息、教学系统登录方法与注意事项等内容；与问题主题相关的教程课件（问题分析类课件主要分析工具信息与案例，问题解决类课件主要分析课题专业结构化知识与案例，以及相关工具）；认知提升类课件主要内容是启发性的故事、案例与问题、教学选设的试题或测验工具等。

● 师资：包括专业知识的内外部讲师、促动师、内部管理层决策者等。

问题解决方案实施的资源包括：

● 组织：推动方案落地与实施的组织资源及相关行政权限、激励措施。

● 财务：行动过程中的资金保障与必要的控制评估机制。

● 物资：实现问题解决方案的有形材料、设备、工具等。

● 信息：必要的数据与信息支持。

● 合作：向组织外部交涉的授权与关系或合作。（包括解决某个领域专业问题的咨询顾问的交涉）

3. 第3步：课堂共创

课堂共创是行动学习的核心环节之一，是该学习知行合一中"知"的关键输入程序。这个过程不仅涉及结构化知识，还关系到学员心智模式的重塑，这些都是日后方案的实施不可或缺的条件。

（1）启动会

行动学习启动会俗称"破冰"，顾名思义其目标是打破学员之间的心理界线，营造学员的良好互动关系，鼓励小组与小组之间的交流与竞争。

①学习状态导入：学习班级的共同语言

● 心态导入：成人学习更易受限的往往是自己的观念与固有认知，这也是行动学习模式能够改变的，于是在启动会阶段首要工作便是导入"空杯心态"。我们指导学员从自己的岗位、身份、地位中走出来，走出社会生活的这些"外壳"，以学员的统一身份投入学习。每一个行动学习的个体都是有价值的构成元素，彼此相处倡导平等与尊重，相互关注与信任，用新的视角与眼光发现对方的优点。记住在这里，我们是同学！

● 士气激励：开场的暖场方式不少，士气激励的共同语言表达可以选择最老套又实用的互动方式："××学员们上午好！"（讲师）"好，很好，非常好，耶！"（学员）

● 鼓掌方式：对台上讲师的鼓励和评价时，左右手之间碰撞发出微弱的声响犹如"小雨"的掌声，是对讲师表现不认可但又不失礼节的反馈；左右手碰撞声响犹如"中雨"的掌声，是认为讲师尚可的表达；正常的鼓掌犹如"大雨"的掌声，是对讲师的赞赏；而学员认为讲师表现非常精彩或对其观点深以为然，可以用力拍着桌面进行回应，这是"狂风暴雨"的掌声。这些表达鼓励的鼓掌方式，不仅可用于讲师，也可用于对学员陈述与表达的回应。

● 最高境界：当讲师或主持人希望学员停止讨论，把注意力集中到自己身上时，可以采用约定的方法：主持人和学员们约定当讲师喊出"××公司"时，学员们应该呼应"NO.1"，象征所在公司所要达到的境界。

②团队组建

学员分组可以在启动会开始前事先分配，也可以在启动时现场临时组合。

如果组织者认为小组人员需要根据一定意图搭配，则事前进行规划设置比较合适，例如采用主价值链与辅助价值链人员交叉的方式可以促进双方融合。如果不选择特意安排，现场随机组合也是调动气氛的机会，例如按报数归类、按抽签分组等都是常用手段。

分组之后，主持人可以给各小组15至30分钟时间讨论与确认以下内容：

● 学习小组各角色人选。

● 组名，如"××卓越队"。

● 口号，如"好好学习，天天向上"，最好是四字成句，朗朗上口。

根据时间宽松程度，主持人可以安排各小组上台展示作品，也可以配合着做一些互动游戏活跃现场气氛。小组成员之间进行深度了解也可以在这个环节安排。

- 分享成长经历：哪些事对自己成长的影响最大？哪些是最愉快或最痛苦的经历？
- 分享工作经历：最成功的工作案例是什么？最深刻的启发是什么？
- 分享自我认知：介绍个人的长处、不足、价值观。
- 分享自我追求：个人激励因素、兴趣点、未来规划与目标。
- 分享自己的特点：特长、性格优势、本次学习最期待的能力提升点。

③班级公约

- 参与：积极参与，全心投入，坦诚相待。
- 静心：空杯心态，认真聆听，用心感悟，延迟评判。
- 互助：互帮互助，群策群力。
- 自律：永远对自己的行为负责。
- 信赖：信赖过程，信赖讲师、同学和自己。
- 三禁：禁止迟到、早退；禁止无故离开培训基地夜不归宿；禁止互相指责、埋怨。
- 保密：保守公司机密，保守他人秘密。
- 珍惜：珍惜资源，珍惜自己和团队的时间。

④学习背景与课程逻辑介绍

启动会应对行动学习的背景，包括组织所存在的问题，以及解决问题潜在的价值进行说明。

- 企业面临的重要问题，本次学习程序中需要研究与解决的问题。
- 组织目前为解决问题可提供的资源。
- 行动学习的目标。
- 学员的评价方式。
- 小组的评价方式。
- 评价结果的应用方式。

在明确学习目标和过程的基础上，启动会应对第一次参加行动学习的学员普及行动学习方法本身的内在逻辑与对个人、对组织产生作用的方式进行阐释。

- 行动学习本身的定义与流程。
- 行动学习的周期、学习程序、学习内容和评估方案等。
- 行动学习的深层逻辑。
- 行动学习与柯氏评估四级的关系。

……

⑤基本技术导入

行动学习的开展需要学员掌握部分入门的必要技术或工具，也可以通过启动会同步输入。有的企业会安排在启动会后、正式培训前完成这个学习铺垫任务。

- 复盘技术：用于整个学习过程中对于知识、学习得失的结构化思考与表达
- 提问技术：用于互动过程中进行有效质疑，启发反思，获得关键信息。
- 汇报技术：用于组内观点呈现与班级公开汇报等展示情境。
- 其他技术：根据不同的课题、学习目标识别出的必要的相关技术。

⑥激发学员参与感的小贴士

成人学习需要使用一些方法激发意愿与参与感：

- 首先，成人要有学习的价值获得感。成年人不愿意把时间放在没有意义的事情上，讲师或引导师在授课时，可以通过成功案例或课程内容的重要性、行动学习给个人带来的改变等因素"诱导"出学员的兴趣和价值感。正如一位讲师总结的那样，学员只有愿意学，学习的效果成绩才会是50分以上，而如果学习意愿不足，无论如何真实效果成绩都将在预期值的一半以下。
- 其次，成人也要有价值输出的存在感。行动学习的整个过程中有大量的互动、表达、反思、辩论、讨论等环节，一旦给予学员表达的"场"，让其观点能展示，使其形成对大家的影响，则学员的参与性将增强，因为人的

本性是需要感受其在社会中的存在。

- 最后，成人还需要一定程度的荣誉感，在人群中产生"高光时刻"。例如对于学员的精彩呈现或重要观点，引导师应该郑重地重复其观点或在白板上记录下来让大家进一步关注；或者讲师从内容层面说明其观点为什么好，稀缺点和闪光点是什么，同时借大家的掌声对该学员给予认可等。

⑦提升团队互信力的小贴士

- 避免隐藏自己的弱点和错误。
- 主动请求他人的帮助，也愿意帮助他人，为他们提供建议和智慧。
- 对他们的观点不轻易下判断和结论。
- 用欣赏的眼光看待他人，主动记录和学习他人优点。
- 鼓励学习之外的互相帮助和交流。
- 输入一个观念：一个失败的团队不应有成功的个人。

⑧学员行为反馈的小贴士

行为反馈是行动学习一项重要的互动工具，它如同参与者各自"照镜子"的过程。这个工具让学员看到自己一直没有"看到"过的自己，即发掘乔哈里之窗中"自己不知道自己还不知道"的那个领域。

团队成员彼此成为彼此的"镜子"，大家都能发现自己的盲点，促进大家自我反思和成长。

行为反馈有两个方向：一个是激励性反馈方向；一个是改善性反馈方向。

激励性反馈用于肯定、鼓励和强化对方的行为，主要的过程如下：

- 第一步：描述行为，指出对方有益的、积极的行为或举动，包括描述当时的场景。
- 第二步：说明影响，说明这些行为带来的价值和影响。
- 第三步：表达欣赏，对这些行为和贡献表达尊重和欣赏，不仅对结果表达认可，也对努力程度进行赞赏。
- 第四步：真诚期待，在真诚地表达欣赏之后，期待这个行为可以共享或普及，表达希望对方提供经验和心得。

改善性反馈用于指正、纠偏，目的不是责难，而是帮助对方成长，步骤如下：

●第一步：描述行为，指出对方无益的、消极的行为或举动，包括描述当时的场景。

●第二步：说明影响，说明这些行为带来的危害和影响程度。

●第三步：表达不安，对这些行为表达警惕和不安，讲述自己的曾经类似的经历或经验。

●第四步：真诚期待，在真诚地表达警惕和不安之后，期待这个行为转化为什么样正面的行为，陈述自己的改进经验和方法有哪些。

⑨四层次聆听的小贴士

根据 U 型理论，成人学习应停止使用脑子里旧有的模式、经验，然后沉浸到现在的"场"里，观察、观察、再观察。当想法的火花迸发出来的时候，我们应快速行动，去做一个方案或构建一个原型，去检验、修改。从这一过程中得到反馈。

聆听分为四层聆听：

●下载式聆听：你听到你愿意听的，其他让你不舒适的信息都被忽略。

●事实式聆听：从自己的观念中走出来，注意到不一样的观点，发现自己和他人之间的差异。

●同理式聆听：走进对方的情境和体会观点，将心比心去感受，站在对方的角度思考，这时听到的不仅是声音和观点，还能找到观点背后的动机和心智模式，从而产生同理心、包容心。

●共鸣式聆听：在一个客观的角度形成一个"声音"，它可以联系众人的智慧和富有激情的观点，这时听到的是共同的愿景和共识。

引导师可以借助这个方法引导学员们进行四层聆听的占比分析，可以在每天复盘的时间记录一次，经过行动学习的全过程，学员将发现自己的聆听状态和心态渐入佳境。

（2）结构化知识输入

行动学习的结构化知识中的"知识"是指与企业经营相关领域的专业内容，"结构化"是指有逻辑系统的知识分类与关联状态。结构化知识的三个关键特征是：完整性、独立性、逻辑性。

- 完整性：对于某个领域的内容是完整的。
- 独立性：具体模块之间的边界清晰，不交叉不重复，虽然模块与模块有关联，但模块内的知识是独立与差异化的；同时，分类的维度和颗粒度基本保持前后一致。
- 逻辑性：知识模块之间的逻辑关系要能识别，如因果关系、相关关系、顺序关系等。系统图用以描述一个自然系统或社会系统的要素、关系及动态过程；流程图直观地描述一个流程的具体步骤，揭示如何从"开始"到"结束"。

笔者认为对于企业经营而言，结构化知识学习可以按价值管理（财务维度）、战略管理（市场、客户维度）、价值链运营管理（内部流程维度）、组织效能管理（学习成长维度）四个领域去设置（具有完整性）。每个领域项下细分出二级模块（具有独立性），各二级模块之间形成先后顺序的逻辑关系（具有逻辑性），指导该领域知识的应用。

针对企业经营一级领域而言，笔者认为：企业价值 = 战略 × 价值链优势 × 组织效能。

这个公式表达了一级知识领域的宏观逻辑，可以作为行动学习设计结构化知识内容导入的一个参考。毕竟企业经营最终是为了增加企业盈利和企业价值，企业的关键问题都在战略、运营和组织问题中。行动学习的知识结构导入一方面有利于学员知识架构的系统化，另一方面也有利于学员结合成熟的平衡计分卡与战略地图体系进行实践。

①价值管理

核心二级模块包括：

- 投资管理

- 资金管理
- 财务分析
- 核算管理
- 审计风控

②战略管理

核心二级模块包括：

- 战略意图
- 战略分析
- 公司战略
- 商业模式
- 业务战略
- 职能战略

③价值链运营管理

核心二级模块包括：

- 流程管理
- 内控管理
- 年度计划
- 年度预算
- 运作管理
- 项目管理
- 运营控制

④组织效能管理

核心二级模块包括：

- 岗位管理
- 绩效管理
- 薪酬管理
- 任职资格管理

- 干部管理
- 培养发展
- 企业文化建设

……

（3）知识复盘

行动学习在启动会阶段就对首次参与者提供关于复盘工具的培训，实际上这是为课程实施所做的一个铺垫。

每天开始导入新的课程内容之前，行动学习引导师或主持人将利用30分钟左右时间对前一日的内容进行知识复盘。

知识复盘内容的逻辑结构如下：

- 前一天主要学习的内容
- 感触最深的点
- 最有价值的内容
- 行动计划

知识复盘先在小组内部进行，每个学员按照上述框架用1分钟时间表达出个人的核心观点，其他成员不评论、不打断。待个人分享结束之后，小组集体互评商议，整理、提炼出小组认为感受最深的知识点和有价值的内容，以及未来关键的行动计划。

在班级层面，各小组将选派代表，轮流汇报小组结论，让组间的信息可以共享。同时，引导师可以针对每个小组的内容进行质疑，启发思考，在班级层面上使知识的理解进行升华，促进辩证思维模式的建立。

知识复盘小案例[①]：

①前一天主要学习的内容。

- 六西格玛及常用方法、工具。
- 精益思想。

[①] 本案例内容来源于厦门钨业的行动学习学员的学习。

- 精益生产推行策略。

②感触最深的点

- 讲师上课途中喝水，总共有18个动作，而仅有1个动作是有价值的，其他的均是多余动作。
- 日常生产中存在着很多浪费：过度加工、缺陷、过量生产、动作、运输、等待、库存。
- 作为管理者，我们要去思考为什么会产生这个浪费？如何解决？如何避免？
- 不要担心问题的存在，而是要让问题暴露出来，才能更好地处理问题。

③最有价值的内容

- 精益的核心思想是减少浪费。

④行动计划

- 反思与识别出工厂在制造、品质、管理等方面存在的浪费现象。
- 鼓励员工暴露问题，反思各类浪费现象并组织改善。
- 进一步思考是否有更大的浪费，比如研发、人事管理、厂房及设备投资等方面。

（4）互动反思

质疑与反思是整个行动学习教学过程中的常态设置环节。这是与普通培训教育的重大差别之一。

所谓反思，包括以下几个步骤：

- 回顾情境。
- 思考得失与原因。
- 假设自己置身事外，转换视角，抛开主观情绪重新观察。
- 总结观察成果与结论。
- 形成新的理解和观念。

在促进学员行动学习方面，笔者在扮演行动学习教学引导师角色时常见的做法供参考。

学员复盘时，提到对某个知识点感触很深，但他并没有理解其深层理由。这时可以提问："对这个知识点的触动往往与您的经历或具体情境有关联，您能在这个经历中找到与知识点关联的原因吗？"

学员经过思索，若有所悟："老师的提示让我想起那件事，确实是因为这件事的经历，让我对这个观点尤其认可……"

引导师继续追问："这个知识点和您的经历形成共鸣，但是否它在不同情境下有不同的结论呢？有没有其他可能性？"

学员沉思后缓缓地回答："有可能，例如在……条件下，结果可能不一样，例如有一次……"

沿着学员的思路，引导师继续挖掘："通过我的质疑和您的反思，您有什么更进一步的发现吗？"

"我明白了，这个知识点发生作用具有前提条件，当应用场景发生变化，结果会不同。所以应用这个知识点要在合适的条件下才能生效。谢谢老师启发。"

其他学员也从类似这样的"质疑与反思"启发提问与回答循环中不断丰富思考的角度和线索，对问题的认知与对知识的理解能够形成更丰富的认知维度。

为了扩大引导效果，引导师也可以扩大"打击面"：当某一个学员或小组表达一个观点时，可以请其他小组进行质疑，言之成理可以给质疑者加分，计入小组成绩和个人成绩。通过学员之间的互动，不仅增加和补充引导师对学员应用场景的理解，也让整场培训更有"火药味"。学员与学员，小组与小组都可以互相PK，也可以站队支持，让质疑与反思和笑声一起构成学员的良好课堂体验。以学员为中心的授课模式也是行动学习的主要标志之一。

笔者经历的集体促动指导案例：

引导师："××卓越队完成年度战略举措的呈现，我们请小组的代表留步，接受同志们的提问。"

小组代表原本准备下场，突然被留在台上时有一些紧张，台下的同学们则发出一片"幸灾乐祸"的笑声，并跃跃欲试要挑战"擂主"。

引导师进一步引导："大家能不能说一说这个报告有哪些优点，哪些不足？"

"老师，我们认为优点有两个方面……不足有三个方面……"

引导师对优缺点的评价不做具体评论，转而对"擂主"说："针对这些评论，请问你们小组有需要进一步解释的吗？"

"老师，我们接受他们提出的优点的看法，但是针对不足嘛也有些不同看法……"台上代表的自我辩护再次引发笑声。

引导师点点头，鼓励深度思考和解释："嗯，您的意思就是接受所有的赞美，但对这三点不足都有更深入的说明，请说出你的理由！"

"我们认为……"

引导师等他陈述完后，向挑战者示意："你们对他的说明有进一步的看法吗？为什么？"

"他们的解释只能证明第一点，但对后面两项解释不足，并没有充足的证据进行支持。因为……"

引导师对这个争议"火上加油"，请其他小组也加入评论："其他小组对这个争议有什么看法，他们差异的原因是什么？"

"我们小组支持反方，理由是……"

"我们小组也支持反方，原因是……"

引导师根据讨论的深度，结合课程的时间限制进行归纳与总结："从大家的评论来看，反方的观点具有比较多的支持者。正反双方的认识差异在于……结论是……根据这个结论，我们应该给正方扣两分，给台下挑战者小组加两分，同时给参与互动的小组也各加 1 分。针对这个话题的讨论，我们暂时就进行到这里，后续若有更多的思考与观点，我们可以在课程复盘中继续总结，谢谢台上的代表，请大家给他掌声鼓励……"

根据上述的案例举例,我们可以发现引导师需注意的事项包括[1]:

● 每个人都有因固有心智模式而导致存在的盲点,引导师应该激发多角度的观点,形成对学员的固有思维视角的冲击。

● 每个人每个组织都是自己领域的问题专家,引导师应通过提问和质疑让学员自发形成观点和结论,引导师主要是引导和提供系统结构化的过程和工具,一般不对内容本身进行判断。

● 团队的氛围对个体心智改善有巨大的影响力,引导师应借助团队的力量促进个体心智模式的转化。

● 教练应不断检查是否每个人都对问题达成共识,验证的方法就是请他们说出对问题的理解。

①开放式提问与关闭式提问[2]

为有效地引导学员进行质疑与反思,引导过程中的提问需要注意技巧和提问设计。

开放式提问示例:

● 为什么……

● 是什么……

● 通过什么手段……

● 还有哪些……

● 包括什么……

开放式提问应用场景主要用于启发学员思考,激发群体兴趣,例如在意见收集、解决方案征集时使用。主要是在发散环节使用。

关闭式提问示例:

● 是吗?

● 对吗?

---

[1] 刘永中.行动学习使用手册:一本书讲透行动学习如何落地[M].北京:北京联合出版社,2015.12.

[2] 韦国兵,施英佳.引导式培训[M].北京:电子工业出版社,2018.5.

- 是否？
- 哪个？
- A或B选择。

关闭式提问主要用于确认与判断、聚焦方向、确认内容。其主要是在收敛环节使用。

②场景式提问

"我们假定，您现在正在进行战略分析的过程中，大家都期望进行结构化思考，你认为将出现什么问题？"引导师提问。

场景式提问的结构是：引导语（我们假定）+ 场景描绘（您现在正在进行……）+ 提出问题（你认为将出现什么……）

在问题分析、方案设计、意见收集过程中，进行换位思考时经常用到场景式提问。此外，当引导师提问一个问题遇到冷场时，可以借助场景式提问进行补充，利用场景画面降低学员的回答难度。

③质疑式提问

质疑式提问主要是现状分析、问题分析、观点澄清。

质疑式提问的结构是：确认范围和规模（多大、多少、多长时间）+ 影响问题的表象（具体问题症状）+ 原因探寻（对这个问题的原因分析）

质疑式提问案例：

第一问："竞争对手这个广告影响到几个城市？"

第二问："我们的产品销量下降多少？"

第三问："为什么我们的销量下降？是否有其他原因？"

（5）问题剖析

行动学习面向解决实际问题的目标而设计，这就必然需要针对问题进行剖析：陈述、分类、逻辑归因。这一步既是产出方案的基础，它的质量也是策略具有有效性的关键。

问题剖析是三类行动学习的必要步骤：

- "问题诊断类"行动学习：诊断过程就是通过现象找到原因并进行分

类的活动。

- "问题解决类"行动学习：解决问题前提是有效分析问题。
- "认知提升类"行动学习：借助组织问题讨论提升个人水平必然要经历问题剖析，而且回到个人的应用场景里解决团队层问题时也必须从分析问题入手。

①问题陈述

行动学习着力于解决问题，而对于问题本身是什么与不是什么的理解是解决它们的前提。

对于问题的陈述，我们常用的结构性表达是 STAR 的框架表达。

- S是situation，即问题发生的背景与情境。
- T是task，即任务，当时需要完成的事情是什么，不完成有什么影响。
- A是action，即已经采用的行动。
- R是result，即行动的结果是什么。

根据上述框架陈述问题之后，紧接着需要说明：

- 为什么它仍然需要讨论。
- 这次研讨主要想达到的目标。
- 按照紧急的程度（1分~5分）给这项问题打分评估是多少分？
- 按照重要的程度（1分~5分）给这项问题打分评估是多少分？

例如，"我们公司今年年初进行战略复盘时，发现五年规划的重大战略课题×××没有达成（S）。公司原计划是收购×××矿山，完成全产业链的资源保障工作，但是两个收购标的都没有完成并购，使得未来公司的全产业面临原材料断供的风险（T）。去年我们已经将收购的报价提高到计划价格的顶部，也与对方进行了多轮的谈判（A），但最终对方仍然拒绝出让矿权（R）。"

例如，"公司将解决产业链原材料供应问题作为战略重点，需要集中优势资源解决，希望在今年之内完成矿权的收购，形成××万吨金属量的资源储备。这个问题的紧急程度最高分是五分，重要程度最高分也是五分。"

主持人或问题所有者陈述其问题后，学员应对问题思考两分钟，然后在卡片上写下一个到三个问题（每张卡片写一个问题）。

每个学员轮流提问，由问题所有者对问题进行澄清和说明。

往往在这个过程中，通过学员视角的提问，问题所有者已经能发现解决问题的方向和原来解决方式的盲点。

经过问题陈述和澄清之后，引导师需要进行一次小型复盘。过程如下：

- "你对刚才的研讨打几分（最高5分）？"
- "我们提问的质量如何？"
- "我们在哪些方面做得好？"
- "我们在哪些方面可以做得更好？"
- "为了更有效地探讨，我们要做哪一些调整？"

经过对问题的陈述和澄清，如果时间允许，我们建议学员对问题的理解进行一次说明，通过对问题理解的说明消除团队成员对问题认知的偏差。引导师可以给学员独立思考的时间，并请学员轮流读出各自对问题的理解，同时学员可以提出对问题实质的理解。

②问题分类

经过对问题的陈述和理解，团队需要对问题进行盘点和分类，力求找到导致现象产生的可能原因。

这个阶段的学习建议团队或小组共同完成，抱着好奇心来观察现象、搜索信息，找出以为自己知道但并不熟悉的地方。这时每个成员应怀有"空杯心态"，放弃对此"早已知道"的心理预设，对问题怀有谨慎的态度。

团队可以采用"头脑风暴"技术，自由讨论、共同思考：

- 是什么导致这些现象的发生？
- 背后的原因又是什么？
- 其他可能的原因是什么？
- 导致这些现象发生的最重要的原因有哪些？为什么这些原因最重要？
- 哪些原因不重要？为什么说这些原因不重要？

经过对问题的盘点，需要进一步对问题进行分类。分类可应用的工具较多，我们认为应用结构化思维模型是一个行之有效的选择：例如PDCA、人机料法环、二维因素矩阵等。

● "PDCA"是流程型逻辑。它对完成一项任务的主要过程进行分析，包括计划（P）、执行（D）、检查（C）、行动（A）。我们运用这个逻辑对现象中出现的过程节点进行定位，有可能发现是一个阶段有问题，或者多个阶段都存在问题。不论如何，我们可以对不良结果的关键环节进行多次、深入分类（采用不同结构化思维模型组合进行）。

● "人机料法环"是并列型逻辑。它对生产制造型企业比较适用，即针对生产运行的人员、设备、材料、加工方法、生产环境条件进行归类分析。我们既可以在这个分类基础上运用其他工具深入分类，同样可以在其他分类的基础上应用本工具进行细项分析。

● 二维因素矩阵是关联型逻辑。它通过两个因素的两两搭配形成四个象限矩阵，即四个类别，这个工具同样可以与其他工具搭配使用。

在初步分类的基础上，我们可以通过统计工具或图表对问题进行统计分析，常用的工具包括：散布图、直方图、鱼骨图。

③逻辑梳理

在问题分类的基础上，我们借助问题类别之间的逻辑关系，对问题形成的关系进行梳理，借此找到关键的问题类别。通过这个方式思考绘制的问题关系图以及构成问题的逻辑图。

对于分析企业宏观经营的"大"问题，战略地图是一个有效的逻辑工具，它不仅链接经营的四个维度，还能找到其对应的职能。

对于微观层面的"小"问题，我们也可以借助柏拉图，在问题分类统计的基础上根据发生的频率识别问题的主要方面或主要原因。

具体操作上仍可以小组共商的方式进行，所有人都共同对因果关系发表意见。大家都保持好奇心，探索可能存在的关系，勇于提出新的假设，然后通过以下问题验证判断：

● 原因之间的因果联系是什么呢？

- 有什么证据可以论证这个因果关系？
- 你是如何知道这个因果关系的？
- 这背后的原因又是什么呢？还有其他可能性吗？
- 分析过程中是否存在因果颠倒？

④问题归因

问题归因是在分类的基础上对问题进行深入地精确地"打击"，最常见的是借助5WHY分析工具，也就是对一个问题点连续多次问"为什么"，对每一个"原因"都紧接着问"为什么"，沿着因果关系链条不断循环，直至找出原有问题的根本原因。

5WHY分析对问题归因从三个角度开始，每个层面连续5次或N次的询问让三个层面的问题都被探寻出来，才能发现根本问题。

- 如何发生？
- 为何流出？
- 为何系统允许？

5WHY工具看似简单，但实际应用时很考验人的逻辑思维能力。

常见的问题包括：

逻辑省略：没有找到真正的原因而放弃思考，推出治标不治本的方案。例如"设备门关不紧"这个现象产生的第一层原因是"螺栓松动"，如果不往下分析，则容易得出"拧紧、加固螺栓"的对策。然而，"螺栓松动"的下一层原因是"紧固扭力不够"，再下一层原因是"螺栓的直径太小"，因此根本的解决方案是"更换为合适口径的螺栓"，而不是加固。

忽略他因：只找到部分原因，没有找到综合解决方案。例如"车间环境不好"的根据原因定义为"5S计划不完整"，则对策是"修订5S计划"；但是这只能解决部分问题，还有一大原因是"设备上存在难以清理的角落"。这些角落已经在5S计划范围中，但这个问题仍未被解决是由于解决者不容易进行清理，根本原因是"机器外壳阻挡面大，工人难以打扫"，因此补充的对策是"改造设备外壳设计"。

借口推理：只找客观原因，不看主观责任也是常见的错误。例如"车间粉尘大"的主要原因是"本车间设备上存在较多的粉尘泄露"，这时如果只看客观原因，则对策可能是"减少设备或更换设备"。但是，当我们反思主观责任时马上可以发现"没有按照要求打开吸尘设备"才是主要原因，因为设备本身的排放量都是在控制范围内的，只是车间主任为所谓"节约电费"刻意关停除尘设备。5WHY分析很重要一个原则是归因于内，寻找可以解决的方向，不是寻找不可控的外部原因。

小组成员可以在逻辑图基础上寻找根因，识别时可以借助以下提问方式进行验证：

- 这些原因消除后到底能在多大程度上解决问题？你是如何知道的？
- 这些原因的变化趋势如何？
- 解决问题的先后顺序应该是什么？

(6) 创新焦点

剖析问题、找到根因是为了通过匹配方案解决问题。从根因到方案可以借助经验实现，但对于行动学习而言，面对的问题是没有现成答案的。在这种情况下，方案的产出经过学员共创，本质上是进行创意的碰撞和萃取，这个过程我们称之为"创新焦点"。

解决问题的创新焦点的获取，可以参考以下途径：

- 在现在条件基础上进行渐进式问题推演，逐步改良，最终得到真解。
- 直接提出重建性变革性方案。
- 收集多方面的创意，通过对创意进行梳理、重组，转化为重大的创新方案。
- 对标竞争对手和最佳实践，借鉴他人的创意。
- 对问题本身的存在条件进行颠覆性思考，从产生问题的条件和环境找到创意。

①经营差距创新焦点

财务维度的创新焦点是战略性财务分析之后得出的财务职能策略的

类别：

- 调整资本结构
- 降低资本成本
- 提升资产周转率
- 降低产品成本
- 优化现金流控制
- 降低净运营资金
- 削减可控管理费用

市场与客户维度的创新焦点是经营性财务分析之后得出的市场营销手段的类别：

- 调整价格
- 调整渠道
- 调整产品功能
- 调整交付周期
- 调整品牌诉求
- 调整收款周期
- 调整授信政策

内部流程维度的创新焦点是供应链管理优化的类别：

- 优化流程管理
- 提升研发效率
- 降低采购周期
- 提高准时交付率
- 减少生产周期
- 减少库存数量
- 提高运输效率

……

②管理差距创新焦点

组织合力类：
- 优化职能设计
- 调整定岗定编
- 构建企业文化
- 改进目标绩效

人才赋能类：
- 优化任职资格
- 搭建培训体系
- 盘点人才梯队
- 优化干部管理

人才激励类：
- 优化薪酬体系
- 设计股权激励
- 打造雇主品牌

③机会差距创新焦点

业务选择类：
- 调整产业组合
- 调整产品组合
- 调整投资方案

模式策略类：
- 调整商业模式
- 调整竞争策略
- 调整管控模式
- 调整职能策略

资源能力类：
- 变革组织架构
- 塑造与获取核心能力

● 获取战略资源

对于"问题诊断类"行动学习，创新焦点是最重要的输出环节。

这类问题的整个教学过程包括：

● 识别关键问题。

● 呈现问题产生逻辑。

● 评估问题的"破坏力"。

● 通过创新焦点找到解决问题的对应策略或方向（最重要环节）。

● 通过问题呈现会议（教学形式参考下文中的方案呈现内容），充分听取正反意见，必要时修正数据和观点。

● 通过问题决策会议（教学形式参考下文中的方案决策内容）确定组织关键问题及其任务卡（注：任务卡仅是指明一个建议的方向和大致的责任部门，没有列出具体的举措与分工内容。任务卡未来可以视组织需要将其转为"问题分析类"行动学习的课题进行解决。）

在创新焦点阶段，行动学习小组常用的技术主要是能激发创意的、有利于思想发散促动的技术，代表性的技术包括（详见本书后续章节《行动学习之术》相关内容）：

● 头脑风暴：小组人员在融洽的和不受任何限制的气氛中以会议形式进行讨论、座谈，积极思考，畅所欲言，充分表达观点和创意，最大限度地发挥创造性的思维能力。

● 团队列名：比头脑风暴的结构性更强的创意收集技术，强调人人有均等发言的机会。

● 开放空间：在头脑风暴基础上，与会者参与讨论，移动双脚到自己可以提供帮助的地方提供观点与建议。

引导师推动学员针对问题提出创新性的思考和方案，可以提问："我们有哪些创新性的建议可以贡献给这个问题？"引导师可以给学员两分钟时间，让大家在卡片上写出个人的建议和思考。

在轮流提交创意的环节，我们建议学员不仅提供建议，最好也分享自己的相关经历及其核心观点。通过建议与对历史情境的描述，让小组对问题和解决方案呈现出画面感。这些程序都有利于大家共情共思，更好地激发创意。

这个过程中，引导师应注意提示大家保持遵守头脑风暴的规则：追求数量和创意、不批评不打断、视不同意见的提出为学习机会等；同时鼓励大家在创意的基础上进行二次创作。

● 延展法：把看起来独立和不相关的创意叠加在一起，形成更完整的方案；或是在一个创意基础上递进和延伸形成更具影响力的方案。例如创意A和创意B可以叠加为创意AB，或创意A1A2A3、创意B1B2B3。

● 反向法：沿着创意的反向思考，形成逆向思维下的创意。例如对于创意A和创意B，可以反向思考创意负A，创意负B。

● 重组法：将创意进行拆解，对更小的单位视角内容进行归类重组，形成新的方案。例如创意A和创意B可以重组为A1B2B3、创意A2B1、创意A3。

通过上述思考，团队将把现象、原因转换为确定、消除原因的具体目标。我们可以联想，消除这些原因后，问题在多大程度上将被解决，具体衡量的方式是什么？如果目标值更激进一点会怎么样呢？

对于这个问题的思考也将影响方案选择的方向。

（7）方案决策

经过小组的共创，小组将根据问题来源的类别进行创新焦点的思考，匹配相应的方案。多个小组形成的方案各有优势、劣势，也可能出现交叉、重叠，因此，这些具有创意的解决方案需要被进一步比较、提炼，在专业的点评与启发之下形成班级的集体智慧。这个过程包含方案呈现与比较、方案的融合与优化、方案的决策、行动计划与资源的配套等环节。

①方案呈现

各小组的方案呈现可以有多种方式，最通常的是小组上台汇报，主要汇报内容与结构应根据教学模块的专业内容有所差异化。对于问题解决方案的汇报，以下结构可以作为参考：

- 问题分析
- 方案概述
- 方案价值性与可行性说明
- 方案详情
- 资源配套
- 关键成功因素与风险因素说明

引导师可以通过方案的提交速度、方案汇报的完整性、汇报表达感染性等维度对报告人进行现场正式评估或简易计分评价。评价成绩应用于小组学习"龙虎榜"的累积分数和排名。

根据教学的时长设置，引导师可以现场启动与重复"质疑与反思"的程序（参考"互动反思"相关内容），通过内容专家、学员之间的质疑和追问，促进小组思考与答辩。引导师同样可以借汇报小组其他成员的能力，对质疑者进行观点补充与说明，最终引导师对有共识的结论进行归纳或记录，对于存在分歧的观点进行保留作为继续思考的话题。

当所有的小组都完成上述呈现、互评、辩论、共识的流程后，共识区将有若干方案及其关键举措形成，待思考区也将有一定数量的未决事项。

这个状态类似于混合果汁刚榨出的状态：混合、有序与无序交织，头脑的风暴与情绪的起伏尚未平复。这时候需要的是沉淀，让各小组结合研究、互动沟通的信息进行去伪存真。引导师可以安排一个独立的时间让各小组消化和吸收会议大量的信息，形成各小组最优的建议方案。在这个过程中，如果有必要，企业可以安排部分高管人员对小组进行单独辅导，尤其是方案的风险识别方面，高管人员的经验是宝贵的资源，这样能避免整个方案因为一个关键风险而失去支撑。

②方案决策

班级人员再次集中的时候，各小组已经提交方案修订稿。

对于"问题分析类"行动学习，方案决策的方式要依靠教学设计和项目实施的实际分工规划去设置，大致分两类：

- 每天精彩复盘内容简要回顾。
- 各小组学习风采回放（照片轮播、H5发布、小组文艺表演等）。
- 学员代表对收获进行总结。
- 教学全体合影留念。

②举行表彰会

表彰会是对优胜小组和个人的肯定，优胜者获得的更多是精神鼓励，主要程序如下：

- 宣布优胜小组名单并颁奖。
- 宣布优胜个人名单并颁奖。
- 优胜代表发表感言。
- 大领导总结发言，对这一阶段学习过程进行评价与鼓励。

③举行动员会

课堂共创之后学员将回到实际工作中落实工作任务，关闭会的最后环节也是任务发布或出征誓师。

- 宣布问题解决团队名称与分工。
- 团队代表上台签订《任务书》接受任务，表达"出征"感言，传递信心，展示勇气。
- 领导畅想成功时的样子，鼓励"出征"者。
- 领导承诺给予资源与激励方案。
- 领导授旗代表，正式授权。
- 主持人宣布本期课堂共创关闭。

4. 第4步：方案验证

方案验证作为方案大规模实施之前的测试与意见收集环节是必要的，就像新产品量产之前，需要经过小试、中试和批量试制一样。还是那句话："实践是检验真理的唯一标准。"

方案验证的形式有多种类型，小规模试运行是比较直接且有效的。在此之前，如果能找到相关专家和试点关键人员，听听他们对方案的看法，可以排除很多潜在的"地雷"。因为现实情况很具体，而方案往往是忽略个体特殊性而尊重整体，方案落地就需要在具体情况与整体规则之间进行匹配和平衡。

模拟试运行是对方案的导入与验证，在这个过程中，不可避免会遇到新的问题和困难。但是，项目负责人应该抓大放小，解决关键阻碍问题。同时，这个过程也是不断吸收宝贵意见、不断完善方案的过程。

（1）关键群体访谈

为达到良好的访谈效果，访谈前的准备工作必不可少，主要是：

- 设定访谈目标：例如在方案试运行前摸底，提前排除潜在失败风险。
- 划定关键人群：可以从对方案试运行影响权力大小与受益程度大小两个维度四个象限去识别方案的利益相关者，列出清单（包括姓名、职务、对方的诉求等）。
- 设计访谈：针对不同类别人群的访谈策略、访谈时间安排、地点场合选择、访谈核心问题、访谈可能出现的冷场的备选方案等的设计。

访谈的人员分类与策略建议如下：

- 对方案行动影响权力大且将从方案受益程度大的人群：尊重其需求，争取更多支持。
- 对方案影响力小但将受益人群：介绍方案优势，请教推动建议、潜在风险和规避建议。
- 对方案影响权力大但受益程度小甚至利益受损的群体：说明理由，争取理解，关注其合理诉求并在合理范围内通过其他方式进行补偿。
- 对方案影响力小且利益不一致的群体：不接触。

与受访人员建立良好氛围的小贴士：

- 访谈前了解受访者爱好，切入正题前可以花一定时间与对方互动相关话题。
- 转换正题时，解释访谈的原因，并表明访谈内容具有保密性（实际也要做到），降低其安全顾虑。

- 多听少说。
- 点头回应、目光接触、充分尊重。
- 通过复述其观点对重要的问题寻求其确认。
- 对可能出现的难点，请教观点与解决思路。
- 访谈结束前快速归纳总结要点，让受访者验证。
- 预留下一步见面或合作的余地与条件（例如口头预约、留下联系方式）。

关于访谈记录，有几个经验：

- 提问设计是结构化的，因此记录也尽量结构化。
- 即时记录受访者核心观点与信息。
- 有必要标注受访者表达某观点时的情绪或态度，这有助于识别其意图或需求。
- 对核心受访者的内容，经对方允许，尽可能做录音，避免信息遗漏。
- 访谈记录的整理也尽量结构化

访谈纪要的主要结构：

背景信息：

- 访谈目的：事前列明关键方案推行的关键待验证的问题。
- 访谈要素：人员、地点、时间。
- 受访者：基本信息、情绪、对方案的态度（支持？反对？积极？消极）。

核心内容：

- 方案成功的关键。
- 方案的待完善点。
- 推动的注意事项。
- 受访者重要论点。
- 还有哪些待厘清的问题或疑虑。

（2）方案模拟运行

任何一个方案的落地都不应该忽略培训与动员，培训一方面让受训者掌握方案运行的关键要素，提高成功率；另一方面它也是提升认知的过程，让执行者的观念与推动者的观念形成一致。如果有可能，建议让参与试行的员工签订承诺书，落实主体责任。

试运行最好从容易快速取得成效的环节切入，通过成功的示范效应树立变革的信心。

选择好了试运行的突破口，接下来要做的就是试运行的跟踪与反馈。

项目实施者定期复盘，对出现的问题寻找解决方法，试运行人员参与讨论，大家集思广益、群策群力。

项目小组负责人应对运行中出现的新情况新问题开展讨论，作出决策，确保达到预期效果。

（3）方案小结、调整

试运行每一天，各分工区域的成员进行每日运行情况小结，对暴露的问题与解决过程进行分享。成员之间根据需要可以一对一沟通或在信息群进行交流，尤其是方案相互关联的模块之间需要及时信息共享。

试运行一个周期后（一周或一个月），方案推动小组应对项目所取得的成果和暴露的问题进行集体总结。针对暂时还没有解决的问题（主要指技术层面问题），小组可以采用"假设—修正—运行观察—结果验证"的闭环模式快速尝试新的解决手段。

非技术层面的问题主要是利益相关者的改革意愿问题，可以从两个方向尝试突破：

● 自下而上：通过各种渠道建立联系，共享项目意义和试运行的信息，对遇到的问题寻求理解和支持，打造共情，争取形成统一战线。

● 自上而下：根据我们的实际经验，对于一些通过平级沟通或项目机制难以解决问题的人，往往通过其上级施加影响力的效果很明显。当然，这个方法的使用最好建立在自下而上沟通的基础上。

经过上述三个步骤，行动学习的方案已经从课堂走向现场、从方案走向实践。通过实践，试行小组补充与优化方案，为下一步综合实施奠定基础。

5. 第5步：综合实施

行动学习在课堂共创环节已经形成行动计划与拥有负责人，经过验证、修订，方案进入综合实施阶段。这个阶段，行动学习者要从"实际业务场景"的角度去思考问题，而不仅仅是技术实现角度。方案推行负责人应时刻提醒自己不仅要关注方案技术的问题，更应该关心实际业务场景需求的实现，以满足"解决公司问题"为行动学习目标导向。

（1）确认实施范围

作为呈现公司的重大问题的方案所牵涉的单位和部门众多，涉及的人员类型多，包括高层决策人员、中层管理人员、业务操作人员以及普通员工，各层面的需求侧重点各不相同。因此方案分层次、分阶段实施是比较合理的。不分层次和重点、"眉毛胡子一把抓"地全面上线推广则会使方案实施复杂度加大。因此，一个方案首先要确认实施范围与步骤，一旦实施范围界定不清，边界的限定更加困难，实施的周期拖长，很容易陷入繁杂的交叉实施过程之中，最后导致项目失败。

（2）实施与切换计划

项目执行过程中，负责人应明确项目组人员的职责、权利、义务，这样能够让项目组人员各司其职，每个人都知道自己该干什么不该干什么，减少重复劳动，降低沟通成本，有利于团队协作，提高工作效率。

①职责分工

方案实施领导小组主要职责：

- 控制实施的质量和进度。
- 负责整个项目的技术规划设计工作。
- 进行资源调配。
- 对实施过程中的问题进行决策，包括对变更的审批与控制。

方案实施成员小组主要职责：

● 落实详细的实施计划，实施组成员及各成员在各步骤中的工作内容和责任。

● 定期进行项目总结，汇报项目进展情况和项目实施中遇到的问题。

● 安排进行相应的方案培训。

②方案培训

实施范围的明确也界定了培训的范围。如前所述，方案培训是项目成功的基石、项目实施过程中的重要环节，也是项目实施过程中实现知识转移的重要手段。

方案实施类培训的主要内容如下：

● 为什么：公司为什么投资这个方案？方案解决哪个重大问题？项目实施成功的重大意义与价值，可能产生的对组织或个人的影响。

● 是什么：方案在行动学习中形成的过程，问题解决的思路与逻辑，本区域实施分工的目标与任务边界。

● 怎么做：项目管理的主要框架，时间计划与分工、资源匹配情况、每个子模块的关键技术与实施要点、试运行的案例与经验等。

● 下一步任务：未来两周的工作任务与验收标准。

③实施过程沟通

项目经理要花70%以上的时间在沟通上，可见沟通在项目中的重要性。多数人理解的沟通就是善于表达，实际上，项目管理中的沟通更多指的是对沟通的管理。

项目沟通管理包括为了确保项目信息及时适当地产生、收集、传播、保存和最终配置所必需的过程。项目沟通管理把成功所必需的因素"人""想法"和"信息"实现了连接。

● 确定沟通目标：项目中的沟通对象主要为四类利益相关者中的前三类，要明确不同人群（管理层、团队成员、各职能部门的Leader、外部资源人员等）的不同信息需求（知会对方即可还是需要对方确定的回复？回复期限是立即回复还是几天内），确定沟通要达到的效果。

● 制定沟通计划：根据沟通对象需要的内容（测试结果、变更需求、问题和风险等），结合目标，选择合适的信息沟通渠道（会议、邮件、还是公司的系统工具）、频率（定期还是不定期？如果是定期，频率是一周、半月、还是一月）

● 执行沟通计划：收集和传播执行信息，包括状况报告、进步衡量和预测；同时根据计划实施情况不断调整和总结，不同的沟通对象差异大，实际与计划之间常常无法完全一致，需要沟通管理者根据具体情况决定。

沟通方式的选择与适用情境：

● 正式书面沟通：适用于复杂、重要的事情，如发布章程，发布任命书。

● 正式口头沟通：适用于需要立即得到反馈的重要事情，如合同谈判。

● 非正式书面沟通：适用于需要在以后查询但不太重要的事情。

● 非正式口头沟通：适用于既不重要也不需要以后查询的事情。如私下谈话。

据研究发现，口头语言表达只能传达全部信息的45%，而约55%的信息是通过形体语言，如面部表情、身体动作等"非口头语言"传达的。在口头语言表达中，内容传达的是7%的信息，而说话的方式（声音大小、语音语调）能传达38%。这就说明人与人之间的沟通是存在信息衰减的，著名的沟通漏斗模型认为：对沟通者来说，如果一个人心里想的是100%的东西，真正表达时能充分呈现的只有80%，即信息已经衰减20%；当这80%的信息进入受众的耳朵时，受其专业、文化水平、知识背景等影响，听众只吸收整体信息的60%；同时，收到信息不代表完全理解，真正被理解的内容大概只有40%；而他们参照所领悟的40%的信息开展具体行动时，执行层面的信息含量已经变成20%了。因此，掌握一些沟通技巧可以减轻漏斗效应影响，例如使用沟通5C原则。

● 目标明确（Clear Purpose）

● 逻辑连贯（Coherent Logic）

- 思路掌控（Controlling Ideas）
- 表达正确（Correct Expression）
- 表达简洁（Concise Expression）

（3）实施过程监控

方案实施过程监控主要包括对进度、成本、质量、变更的识别与控制。管理的抓手是项目的仪表盘及其关键点的详细数据，包括关键的KPI状态，比如进度状态、成本状态、预算状态、质量状态、需求状态、风险和挑战等。

①进度控制

方案实施过程中要对进展状态进行监测，掌握进展动态，观测记录每一项工作的实际开始时间、实际进展时间、实际完成时间、实际消耗的资源、状况等内容；进度控制的核心就是将项目的实际进度与计划进度不断进行分析比较，检查各工作之间逻辑关系的变化，检查各工作的进度和关键线路的变化。

进度监控措施的正式渠道包括：

- 项目进度（或里程碑）报告：用于与领导或项目成果使用部门沟通，也就是和方案成果最终要交付对象的沟通。沟通的意图是在各关键阶段让他们介入，并且约定实施与交付的标准，落实书面记录并得到对方的确认。
- 项目例会：也就是我们的项目周会之类的会议，它的目的主要是汇总项目状态、识别项目风险和问题、部署项目工作、通报项目信息等。
- 紧急会议：是一种有效的沟通形式，在项目紧急的情况下会用到，比如项目出现了重大风险或问题，或者说管理层要了解项目的某些情况；这种沟通形式的特点是时间很短，一般几分钟到十几分钟的时间就可以搞定，速战速决。

进度监控措施的非正式渠道包括：

- 与利益相关者进行非正式的交流。
- 项目小组成员或用户进行交谈与讨论。

②成本控制

方案实施团队要尽量使项目实际发生的成本控制在项目预算范围之内，因此在方案进行过程中要进行成本控制。

成本控制主要通过两个方面进行：一方面是对不确定性成本的控制，识别和消除不确定性事件，从而避免不确定性成本产生；另一方面是建设项目成本衡量与变更控制体系，包括项目的净值管理计算、成本绩效度量等。

③质量控制

建立适当的质量衡量标准是实施项目质量管理的前提、关键性工作，质量标准一般包括项目涉及的范围、项目具体的实施步骤、项目估计周期、项目工作详细内容安排等。方案实施负责人要明确项目质量管理负责的团队情况及其相关工作流程，并且通过对项目实施相关衡量指标的综合分析，为客观评价项目质量状况提供依据。如果发现偏差，就要采取适当的措施进行纠正，让项目实施回到正轨。可供选用的纠正措施包括重新制定项目计划、重新安排项目步骤、重新分配项目资源、调整项目组织形式、调整项目管理方式等。

（4）异常处置

所谓异常处置是指方案的内外部变化所带来的变更识别与控制。外部环境的变化可能是由于公司业务调整或组织架构变化，方案可能面临中止或更换实施团队，但这种情况发生的概率不大，多数的变更来源是方案实施过程。

方案实施的内部变更主要源于范围、进度、成本、质量的异常报告，也部分源于实施者的反馈。由于行动学习的课题关系企业的重要问题，对于方案调整所带来的所有未来潜在问题发生的可能性和严重性都应进行评估。如果方案的变更不影响整体问题解决的成败，实施负责人可以通过正常的例会汇报，根据实际情况调整、增减实施内容或优化方案本身；若是实施过程的变更引发项目整体失败的风险出现，则必须立即与行动学习管理者和业务领导小组进行沟通，寻求支持，分析备选方案。

备选方案的分析和选择要评估项目成本、时间和绩效目标修改，同时还要分析所需资源、总的进度计划以及支持每个方案所必需的计划调整。业务领导小组和项目团队一起选择方案，目的使项目所受到的综合影响最小。

备选方案的来源可以是实施小组与高层的研讨内容，也可以参照行动学习中在课堂共创时各小组提交的方案与计划。尤其是当方案实施过程中发生某个小组关注的风险问题时，借鉴与引用相关小组建议的措施是相对快速又比较有效的处理方式。无论如何，异常管理的最终目标仍是解决业务问题，实现公司业务目标。

（5）配套模块启动

企业内部一个方案的实施与调整都势必引起其他管理程序的联动。我们的经验是行动学习的效果来源多个模块改进的合力作用，单一方案或模块往往只能局部发光，但要照亮整个夜空则需要综合设计变革的组合。

变革方案的配套项目是为了实现整体经营结果而启动的，一切以业务目标为导向。这样的案例并不鲜见，例如国内钼金属的龙头公司进行集团变革就是管控模式、组织架构、岗位编制、薪酬体系、绩效体系等多个项目群配合去实现集团的战略发展意图。

项目群要支撑企业的战略目标，必须得跟战略保持一致。项目群各项目之间具有一定逻辑关系，项目群中某一个项目的推迟可能影响到另一个项目，且多个项目可能同时使用同一资源，或同一资源供若干个不同项目调用。因此，项目群管理很有必要。

项目群管理是以项目管理为核心和基础，包括集成管理、协同管理，主要的模块包括：

● 架构管控：架构决策、架构标准、架构规范。

● 综合保障：项目过程中的各种文宣、综合管理等，保证项目正常推进。

● 资源管理：人力资源、环境资源、其他资源管理。

● 配置管理：过程资产、交付资产、知识沉淀与转移。

- 需求管控：需求评审、需求跟踪矩阵、需求变更。
- 进度管理：里程碑、主计划、配套计划。
- 沟通管理：沟通机制、会议、报告、三方协调等。
- 风险问题：全过程风险、问题、识别、跟踪与应对解决。
- 质量管理：交付质量管理。

6. 第6步：复盘巩固

复盘巩固环节本质上有两大类的行动：复盘项目获得成果与巩固这些成果。

行动学习的复盘持续存在，从问题诊断到教学设计，从课堂共创到方案实施，每个阶段都需要不同程度地总结和调整，复盘是其中的重要环节。

方案实施后的复盘，是对改善方案的得失的检验与经验沉淀，也是从团队经验向公司知识管理库萃取内容转变的一个步骤。

成果巩固则是通过最佳实践的推广，进而通过制度进行标准化的过程。

（1）项目复盘与验收

这里的项目复盘是从问题诊断到方案实施全过程的重新审视，在行动学习的计划中一般会规定其时间节点、目的和输出内容。

- 时间：项目复盘属于定期的正式沟通，行动学习管理者对此有具体安排。
- 目的：里程碑评审或整体验收（问题解决类和认识提升类），让管理层知悉现状以及获得决策和支持（问题诊断类）。
- 内容：实施过程得失（所有类别）、主要项目成果（所有类别）、风险和问题与解决方案（问题诊断类）、需要得到哪些支持（问题诊断类）。

联想集团柳传志认为：要想提高谋定而后动的能力，复盘很重要。想想做成一件事有哪些是偶然因素，别以为是自己的本事。尤其是失败后，要深刻解剖自己，不留任何情面地总结自己的不足。这样，你的能力自然会不断提高。

复盘的意义在于把失败转化为财富，把成功转化为能力。
- 全面理解：为了知其然与知其所以然。
- 吸取教训：为了同样的错误不要再犯。
- 转化赋能：为了传承经验和提升能力。
- 知识沉淀：为了总结规律和固化流程。

（2）知识管理

复盘的成果之一是团队与组织的知识沉淀与管理。

行动学习通过对知识和经验的盘点、提炼，把最有经验的人的做法、最佳实践沉淀为表单，然后存储和共享，让每个部门和岗位的员工都向最有经验的人那样做事，实现最佳实践的共享。

知识管理是协助企业和个人，围绕各种来源的知识内容，利用信息技术，实现知识的生产、分享、应用以及创新，并在个人、组织运营、客户价值以及经济绩效等诸方面形成知识优势和产生价值的过程。[①]

行动学习不仅为解决企业问题提供解决方案，也为企业留下知识经验库等无形资产，这些在财务上无法计量的内容将是未来核心竞争力的关键来源之一。

GE公司和摩托罗拉公司在开展行动学习和使用六西格玛管理法的数十年里积累大量的经营改善案例，一个工作人员面临疑问时，只要在系统中输入关键词，案例库立即提供前人留下的解决方案和思路。这很大程度上减少后人重新从零开始摸索的过程与成本。

行动学习复盘是企业经营与知识库之间的"转换器"：一方面它借助结构化知识给学员赋能，从而解决企业实际问题；另一方面，行动学习学员的成果又源源不断为知识库添砖加瓦。

由于上述互动关系，行动学习与知识管理都具有共同的特征：
- 业务导向：都以业务目标实现为价值导向。

[①] 葛新红，黄斯涵.跟我们做知识管理[M].北京：北京大学出版社，2014.1。

● 赋能过程：都通过给人赋能推动变革，实现业务目标。

● 可学可用：不同企业都可以借鉴和使用，它们成为各企业的组织发展动力源。

行动学习的差距分析环节所识别的组织问题与企业知识管理及能力塑造的映射关系如下：

财务维度知识与能力

● 财务分析与经营决策服务。

● 风险识别与控制。

市场与客户维度知识与能力

● 客户关系管理：客户信息的实时传递和交流分享，通过外部市场客户信息和销售信息的综合分析支持营销决策。

● 渠道管理。

● 价格管理。

● 信用管理。

内部流程维度知识与能力

● 流程规划与设计。

● 流程变革与优化。

● 内控体系搭建与完善。

● 年度经营计划与预算匹配。

● 产品研发管理：产品开发步骤中的规范、标准，产出管理。

● 销售管理：销售业务过程的标准化、销售人员管理。

● 计划管理：将年度经营计划与日常计划衔接与对年度经营计划进行监控。

● 采购管理：对供应战略寻源，日常购买实现有效保障。

● 制造管理：产品工艺和技术规范，对生产过程的纠正预防和技术改进，有经验的技术工人的隐性知识。

● 仓储管理：原辅材料管理（含危险品管理）、半成品管理、成品管理。

●物流管理：包装管理、运输管理、装运设备资产管理。

●质量管理：质量日常控制与质量体系搭建。

●项目管理：项目群管理与实施、项目立项评审与复审。

●售后管理：售后支持与服务管理、退换货与赔付管理。

●安环管理：安全管理、环境保护管理、职业健康管理、消防管理、应急管理。

●设备动力管理：能源供应管理、设备保养与维护及更新管理、设备固定资产安全管理。

学习成长维度知识与能力

●岗位设计与编制测算。

●薪酬体系设计与优化。

●绩效体系设计与优化。

●任职资格体系设计与优化。

●企业文化塑造。

业务组合或产品组合知识与能力

●市场分析与洞察。

●战略规划与管理。

●投资评估与投后管理。

策略与模式知识与能力

●商业模式设计。

●管控模式设计。

●职能策略设计。

能力或资源知识与能力

●行动学习实施与应用。

●知识管理体系实施与应用。

●竞争力分析与塑造。

（3）制度优化

行动学习的实施成果的另一项产出是在知识管理的基础之上，把最佳实践以流程和制度的形式固化在日常的经营中，把它总结之后成为员工的行为准则。如果套用知行合一的理论解读，则知识管理更倾向于"知"，制度优化更专注于"行"，前者是后者的支撑力之一，后者是前者源源不断更新的输入者，其实两者互相影响和促进。

例如钻石钨公司的人力体系改革，它借助行动学习进行课堂共创后，试点运行，然后模块配套全面实施，最终通过制度修订和信息化将上述管理固化。

制度优化根据影响程度与难易程度可以大体分为三个层次：

● 第一层：以岗位操作现状的程序为基础进行的本部门的流程与制度梳理，处于这个阶段的通常是小企业，其常见的特征是一人多责，随着业务量上升，不得不通过流程与制度规范操作。（属于流程初建期，企业专注于专业能力的构建。）

● 第二层：以部门间流程问题梳理为前提进行的流程优化与制度调整。（属于流程优化期，是以问题解决为导向的制度流程优化，大多是解决跨部门的问题，解决企业横向沟通效率的问题。这一类制度优化专注于解决问题，虽然对跨部门沟通协调、职责落实有帮助，但是缺乏系统性思考和综合解决方案。）

● 第三层：以战略为导向、流程变革为前提的综合制度设计与废立。（属于流程再造期，流程建设到了端到端的阶段，一般需要专业机构介入。企业的体量通常达到较大规模，不仅有业务的横向流程，也包含管控类的纵向流程。）

通过行动学习引起的制度优化从宏观视角看，似乎应该归入第二层，即以问题解决为导向的制度流程优化。但第二层所描述的"问题"本质上无法涵盖战略性重大问题，因此仔细识别其对应的问题类别，我们可以大致进行如下澄清：行动学习解决问题若带来的是流程优化，那么它归属于第二层；

若带来的影响让企业流程重构，则它归属于第三层。认识提升类的行动学习解决的是个人或团队的问题，它的影响如果限于部门内的流程变化，则其制度优化仍在第一层。

流程是河道，制度是堤坝。识别制度优化层次的作用在于判断行动学习的影响层次，进而对于组织流程的调整形成预期判断，为问题解决后的流程体系配套和制度优化方向确定提供宏观判断，这样就不容易陷入具体动作而忽略整体改革的需要。

（4）信息化

通过行动学习完成重大问题的解决，企业知识库更新、流程调整、制度优化之后，信息化的作用在于记录和巩固这些成果，同时让这些成果借信息工具更有效地共享。

知识库信息化是通过软件手段让企业中的资讯与知识透过获得、创造、分享、整合、记录、存取、更新、创新等过程，不断地回馈到知识系统内，永不间断地累积个人与组织的知识使之成为组织智慧的循环。它的主要功能是：

- 促进知识显性化，使企业知识资产得到沉淀。
- 减少纸质文件及其整理成本，大大提高了知识的利用效率。
- 避免人员调动时产生知识流失，保护企业核心竞争力。
- 可以根据使用权限进行差异化共享。
- 规范化知识文档变更，及时更新。
- 使用方便，减少搜寻资料的时间成本。

管理流程与业务流程通过信息化系统实现"工作流程化，流程制度化，制度表格化，表格IT化"的目的。例如企业导入OA系统、业务流程审批系统、ERP系统等。经过观察，多数企业目前还仅仅是将纸质的工作方式照搬到信息化应用系统上，没有对其进行改进或优化。

业务流程应用系统应能够支持集成协同办公，一方面将业务财务数据打通，另一方面使管理审批与业务结合，同时也要能为领导层提供数据分析作为决策依据。如果各应用系统缺乏有效的信息交互，则会造成信息孤岛的出现。据我们观察，最常见的信息化使用情况是 OA 是 OA，ERP 是 ERP，财务软件是财务软件，多个软件之间信息需要人工转换和解析，无法形成高效运作，使数据口径一致。

行动学习与信息的关系体现在两个方面，一方面是行动学习过程如何进行信息化管理，从项目启动到全过程支持，即从行动学习程序上实现教学支持，例如学员信息库、签到功能、测试功能、复盘记录功能等的支持。行动学习倡导企业之一的厦门钨业公司曾为行动学习开发出一套"小鸣学习"的应用程序，这个系统有效地支持其行动学习从问题诊断到课堂共创的过程管理。另一方面，行动学习结束之后，方案实施管理和成果应用应该与知识管理系统连接。对于涉及企业流程与制度优化的项目，企业的业务信息化应该从整体视角进行匹配和优化，避免上述所提的系统之间割裂的问题。

（5）个人心智模式转变

组织盘成果，个人看心智。

个人或组织的绩效来源行动，而支配行动的是个人的心智模式。

行动学习所强调的"心智模式的改变"来源组织学习理论代表人物克里斯·阿基利斯的"双环学习理论"。当一项行为与策略的实施形成了绩效的结果。这只是"行动—绩效"的单循环，如果想要绩效持续，则驱动行为的心智模式要转变，从而构成人的习惯的行为模式。也就是说，行动之前应该有心智模式的变化，所以"心智模式—行动—绩效"，形成第二个闭环。

● 单循环学习链：学习—行动—绩效

● 双循环学习链：学习—行动—绩效—反思—心智模式改变—行动—绩效

传统的学习更注意单循环，忽略人的意愿和价值观才是行动可持续的根源性因素。行动学习恰恰在这一点上具有优势，所以它是个人成长的加速器，也成为组织效能提升的发动机。

7. 第7步：循环提升

行动学习的成果通过验收和最佳实践固化之后，进行覆盖面延伸将有效扩大项目的附加值，同时也能成为新的行动学习项目的牵引。

（1）覆盖面设计

一项改革的成功离不开顶层设计，离不开中层推动，也离不开基层执行。杰克·韦尔奇推动改革是让成熟人才、高潜人才、储备人才通过行动学习分梯次参与。行动学习获得成效也是需要多个层次共同努力的，如果只有中高层参与，基层缺乏主动性，则改革或许最终能成，但事倍功半。

中基层人员是面向一线实战的群体，对于业务最敏感也最可能发现机会点与问题点。让一线人员参与改革有利于发挥基层的主观能动作用。因此，通过扩大行动学习的覆盖面让公司关键问题的解决方案逐层落实是必由之路。

行动学习覆盖面设计分为三个类型：

第一类是纵向覆盖。以某一个组织重大问题为目标，自上而下形成多层行动学习。这类似于目标分解、层层落实。例如高层行动学习在课堂共创结束之后形成的行动计划需要分工实施，则每项任务成为负责人所在团队的行动学习课题。这个任务的子模块继续向下细分为基层团队的子任务，学员也同样通过行动学习的方式对其进行共创和实施。这个过程他们共同要回答的问题是："团队如何实现上一级的任务目标。"实际上这个方式有点类似于OKR——任务的分工未必是自上而下的，也可以由中基层团队自主请战，设定挑战目标去行动。

第二类是横向覆盖。当A事业部的行动学习取得良好成果时，行动学习管理团队可以根据B事业部的适用条件对此进行推广。由于A事业部已经有问题解决的"答案"，B事业部为什么还要"行动"？这还得评估方案在B事业部的适用程度，若是很标准的方法和经验，产品和人员没有差异性，那么确实不需要通过行动学习再创新，直接进行流程制度复制与借鉴即可。然而，现实的情况往往是由于产品和市场的不同，同一类型的问题在不同区域的主要矛盾不尽相同，竞争业态下也需要对成功经验进行重构。这种情况下行动学习是必要的，但学员的共创和验证时间可能会缩短。

笔者所辅导的一家上市企业下设国内事业部和非洲事业部。当国内事业部对薪酬改革推动落地的时候，国外事业部并没有直接引用相关的体系。因为非洲的劳务市场情况与国内差异较大，薪酬方案设计需要考虑按周付薪、按次付薪的需求。这种情况下，非洲需要结合自身情况差异化设计新方案。

第三类是点状覆盖。这一类行动学习主要出现在"认知提升类"行动学习的标准化阶段，当团队共创中出现的一个行动学习实践具有跨产品、跨业务的适用性时，其他组织将进行多点"复制"。虽说经验和方案是现成的，但结合现实情况落地是一个问题，对于不同的应用场景需要进行"方案裁剪"。如何裁剪？如何有效落地？这是点状覆盖的主要内容。这类行动学习的课堂共创内容很短，通常花在落地实施的时间比重大，整体的周期也比较短。

（2）新项目设计

企业的经营环境是动态的，其内部的关键问题也随时间与空间的转换而有所不同。

行动学习从企业问题中来，到解决问题的方案里去，它的选题将随之而变。从这个意义上讲，行动学习是企业长期的"良师益友"，只要企业还存在，行动学习就能从技术层面帮助企业解决问题，提升竞争能力。

不论面对什么企业，不论是哪一个项目，行动学习的内容设计逻辑是相对固定的：

- 观察与引用企业竞争的关键举措（来源于战略地图）。
- 对经营差距、管理差距、机会差距进行分析，找出关键问题。
- 识别解决关键问题的核心岗位。
- 设计核心岗位的培训内容。

本章小结

本章详细介绍行动学习的七步法：问题诊断、教学设计、课堂共创、方案验证、综合实施、复盘巩固、循环提升。

行动学习七步法目标是解决企业问题，问题则来源于以下分析：

- 经营差距分析：财务维度分析、市场与客户维度分析、内部流程维度分析。
- 管理差距分析：学习成长维度分析。
- 机会差距分析：业务组合或产品组合维度分析、模式策略维度分析、能力或资源维度分析。

第四章
行动学习之术（操作技巧）

使用行动学习七步法的过程中大量反复使用到复盘、促动、质疑等相关技术，这些技术像是硬质合金里的钨元素（钨能大幅增加金属硬度）：失去技术支持则行动学习将失去创造力，学员的心智模式也无法有效改变。

忽视技术固然不对，但只注重技术而不顾学习的目标也是一种舍本逐末之举。有的行动学习设计只是把行动学习的技术包装进课堂就认为达到目的，实际上，这是重术而失道，实际意义并不大。

我们认为技术很重要，但它的应用要适应行动学习整体过程设计（七步法），更应该始终注意技术是为道服务的，一切要以解决组织关键问题为核心！

全程通用性学习技术：

决策总结类：复盘。

创意发散类：头脑风暴。

对话反思类：六顶思考帽。

进阶性学习技术：

适用于"意识提升类"行动学习：团队列名、开放空间。

适用于"问题诊断类"行动学习：世界咖啡、团队列名。

适用于"问题解决类"行动学习：城镇会议、群策群力。

补充行动学习技术：

聚焦式会话

鱼缸会议

欣赏式探询

私人董事会

未来探索

议题世界杯

……

一、复盘

"复盘"一词源于围棋对弈，本意是对弈双方下完一盘棋之后，重新在棋盘上把对弈过程"走"一遍，看看哪些地方下得好，哪些地方下得不好，思考更优的打法。

行动学习借用这个方法，对学习内容、学习过程、行动方案、学习成果、项目成败等多阶段、多维度地反思与总结。

复盘具有明确的结构与要素，须遵从特定的步骤进行操作，不仅要回顾目标与事实，分析差异原因，还要改善、优化行动，提炼、固化规律。这样才能算是一次完整的复盘。复盘就是对一件事情回顾、反思、探究、提升的过程。

1. 复盘的步骤

（1）回顾目标

复盘首先从目标回顾开始，想想当初的目的（GOAL）是什么，期望达成的结果（RESULT）是什么，是否设定要达成的目标（TARGET）或里程碑？

注意目的与目标的区别：

● 目的：出发的理由或使命。

● 目标：完成的程度，或成功后的样子（定量的能通过指标衡量，最好符合具体、可衡量、可行、有意义、有时间限定的"SMART"原则；定性通过里程碑来进行）。

当我们回顾目标时，如果发现混淆了目的或目标的概念，或对目标没有衡量标准，建议反思当初发生的原因、未来如何改进、需要借鉴哪些人的成功经验等。我们在这个过程中也要反思当时真正的目的是什么，会不会是用手段替代了目标？

以行动学习为例，我们识别出组织原始的问题来源审视其是否合理，解决的标志是什么。就个人而言，学员可以回忆当初带着什么意图参加学习，过程中目的和目标有哪些调整，个人的心智模式在学习过程中是否遇到挑战等。

（2）评估结果

根据实际完成的结果或学习到的内容，我们将其和原目标相比，超出预期的结果是什么？低于预期的结果又是什么？为什么？

我们回顾实际上发生了什么事情，可以把每一步都重述一遍或写下来，边写边形成思考。例如回顾工作或学习过程记录关键事件，记录包括需要改进的地方，遇到的问题，或做得出彩的事情等，我们建议尽量记录所有相关的信息。

对行动学习这个话题来说，评估组织活动结果，我们可以看行动学习后成果组织问题是否解决，解决后是否带来商业上的影响？对于个人结果，个人能力是否提升？在哪些方面提升？为什么能提升？哪些是个人习得，哪些是群体互动赋予？个人的思维角度是否多元化？处理事情的心态、意愿是否有转变？

（3）分析原因

针对上述那些结论，我们进一步分析事情成功在主观与客观两方面的关键因素，事情失败了在主观与客观两方面的根本原因。我们尽可能采用辩证的思维看待过程中的得与失。

原因分析我们可以采用两类方法：情境重现法和关键事件法。

- 情境重现法：重现当时的团队与个人的信息流、意识流、情绪流。综合性地还原当时的情境，作为原因发掘的前提和基础。
- 关键事件法：确定复盘事件的关键事件，然后围绕关键事件进行重现、思考和推演。

通过以下问题，我们可以引导团队或自己更有效地进行原因分析：

● 实际状况跟预期的有什么差异？

● 为什么会发生？是哪些因素导致的？

● 成功或失败的根本原因是什么？

● 如果重来一次，我们要坚持什么？改变什么？

● 哪些事情是可控的？哪些不可控？

● 可控的事情是否尽量做到了最好？对不可控的事情是否掌握了事情进展？是否为发挥影响力寻求支持或发挥过促进作用？

在这原因分析过程中，我们可以借助以下常用工具：

● 鱼骨图

● 5WHY

● 思维导图

（4）总结规律

复盘的落脚点是总结经验和事物的规律，并为后续的实际工作与学习提供方向性的意见。

经验和规律是两个层面的成果，经验可能是点状的，包括在某一具体情形下适用的解决方案，而规律是面上的，对于处理同一类事情具有通用性和较为普遍的适用性。因此，对于两者的差异要花时间识别，不要轻易下结论。

我们可以通过以下问题的互动进一步澄清：

● 结论针对人，还是指向事？

● 总结内容的适用性是普遍地、还是偶尔地或个例？

● 结论是否通过连续追问涉及一些根本性的问题，还是事件表面？

● 有什么东西可以验证这些结论？它们生效的条件是一样的吗？

从行动学习学员的角度看，复盘的经验总结是思考这个问题的解决方案在多大程度上可以共用：是业务单元适用、跨业务适用、行业普遍适用还是企业通用？哪些适合作为个性案例进行局部分享（适用于项目型一次性应用场景）？哪些又可以进行流程标准化（适用于运营型周期性的应用场景）？如何让行动学习的成果有利于企业，甚至整个行业？

厦门某有色行业咨询公司曾在通用工具基础上针对行业开发出一套企业岗位价值评估工具，这个工具经过识别被证明具有行业通用性。因此，这个工具被逐步推广，作为行业从"矿山开发、采选到冶炼、化工，再到深加工产品制造"全价值链适配的行业人力资源工具。

根据上述的经验和规律，可以展开的行动分为三类：

- 开始做……
- 继续做……
- 停止做……

2. 复盘的态度

- 坦诚表达（求真）：复盘是一个思维激荡、集思广益的过程，无论是对工作、对项目，还是对团队的复盘，都需要大家实话实说、坦诚表达。
- 实事求是（求实）：事件回顾尽可能详细、客观，不要评判也不要分析，只需要实事求是地把过程表述出来；归档的内容包含事件名称、时间、地点、参与人员、事件描述、做得好与不好的地方等，内容记录需要尽可能详细。
- 开放心态（求学）：不自欺，要虚心，保持学习成长的心态来面对自己和伙伴，既敢于接受批评，也敢于共享经验。
- 反思自我（求内）：重在反思和自我剖析，要从自己身上找不足与短板，做到足够客观，这样才能发现哪些因素的存在源于自己，哪些因素源于其他。
- 集思广益（求道）：自我剖析后，要让不同的人对你进行提问，突破项目边界和个人局限，从而达到更深层次的思考；通过大家不同角度的提问，重在持续寻找本质和规律。

3. 复盘的类型

复盘的类型按复盘对象划分可以分为三类：组织复盘、个人复盘和复盘他人。

（1）组织复盘

组织团队一般在项目结束之后、项目的关键节点、出现了重大疑问的时候进行复盘。通常有四个步骤。

第一步：制订复盘计划

- 观察者、引导者、叙述者：观察者记录团队成员表现与整体的表现，用于后续评估与改进。引导者的作用是保证复盘的顺利进行，避免讨论偏离设定的组织复盘方向；同时，通过质疑引导大家进行反思（引导者三大守则：营造维持场景、保持中立、促进参与）。叙述者则根据引导师的安排重演或叙述所需复盘事件的具体情况与行动，针对听到的疑问补充信息。

- 复盘对象与内容。
- 确定谁参加。
- 确定何时何地。
- 研讨辅助工具。

第二步：根据计划准备

- 观察训练。
- 整合其他观察者和引导者信息。
- 选择场地。
- 彩排。

第三步：实施复盘

- 目标及意图的回顾。
- 导入与规则介绍。
- 实施复盘四步法。

第四步：行动计划

- 短期行动计划。
- 中期行动计划。
- 长期行动计划。

行动学习小组的复盘属于典型的组织复盘。组织复盘对不同层级管理者有不同要求。

- 高管要以身作则：复盘和其他管理工作一样，领导以身作则，则事半功倍。高层管理人员常见的问题是自己不复盘，却要求下属复盘；拿别的人事复盘，不对自己事情复盘。
- 中层要承上启下：先学会使用工具和方法，然后带领团队实践并运用。中层常见的问题是复盘不深入，走过场，形式主义；不主动承担责任，把问题推给别人，推给外部。
- 基层要灵活应用：学会使用方法和工具，在实践中应用并养成习惯。基层常见的问题是不能总结规律，原地打转。

组织复盘的成功要素：

- 领导重视并提供资源。
- 有效的引导者提供指导。
- 明确事件类别与对应的复盘责任。
- 内部外部因素全面分解。
- 长期坚持。
- 逐步形成工作文化和习惯。

（2）自我复盘

个人对发生在自己身上的事件进行复盘，包括周期性复盘或重要事件复盘。个人的复盘比较灵活自由，可随时、随地、随意地进行复盘。

个人复盘的对象：

- 新的事
- 重要的事
- 有价值的事

- 未达预期的事

个人复盘的要点：

- 坦诚面对自己。
- 先按部就班，后面逐步优化。
- 记录要点并定期回顾。
- 长期坚持，习惯成自然。

曾国藩的个人复盘案例可以视为一个典范：曾国藩科举仕途坎坷，考了六次都未中秀才，其作品还曾被视为反面教材，大意是此人文理不通，希望其余考生能引以为戒。曾国藩认为这是人生一大挫折，但他并不放弃，他学会复盘和反思，对比自己的文章和他人优秀的文章。他发现自己文章的最大问题在于匠气有余而灵韵不足，更是缺乏大局观和宏观气势。对此，他总结出的原因是自己天资不够，从小的学习方法也总是死记硬背，缺少自己的独立视角、观点。

通过自己深切的反思和复盘总结，通过一年的努力，他不仅中了秀才，而且连中三元，从举人到进士，名震湖湘。

进入京城后，曾国藩颇为自负，表现得自我膨胀，但他从京城大儒唐鉴和倭仁的身上比较出自己的差距，于是听取倭仁的建议，通过记日记的形式来复盘事件、反思自己、逼迫自己进行改变。同时，他也将日记展示给朋友，借友人之力促进自己自律和言行一致，从此不断精进，磨炼出自律、勤勉的优良品质。

在太平天国运动期间，他丁忧返乡，被解除兵权是其人生面临的又一大挫折。在被闲置期间，他继续磨砺自己，虽看不惯官场腐败，但为平息战争，仍以"修身齐家治国平天下"的家国情怀激励着自己挺身入局，力挽狂澜，成为晚清中兴名臣。

回顾曾国藩的案例，它不仅说明复盘有助于个人成长，也说明深层次人的成长背后是心智的转变，从怨天尤人到"行有不得，反求诸己"，不归咎于客观条件，而从自己身上找原因。他曾经自视清高、鄙视官场，树敌无数，让自己工作难以开展，但丁忧期间他彻悟：为国为民出征视为大我之境，清高自持视为拘小我之节，为实现大我，个人应学会和光同尘、圆润柔软，借力实现天下太平之志。

（3）复盘他人

复盘他人是从他人做的事情中获得经验和教训，即借他人修自己。作为个人，我们可以通过复盘挖掘那些成功案例背后的人的行为模式，及行为模式背后的心智模式。就如曾国藩，从个人道德追求的"修身齐家"的自律心智模式逐步变为追求"治国平天下"的"反求诸己"的心智模式，个人也在科举、京官、丁忧三次复盘反思之后实现了人生格局的飞跃。

从笔者来看，曾国藩学而优则仕是他的"入世"，而经历仕途宦海的明刀暗箭他自律、修身和隐退是完成了一次"出世"，最后为大我而舍小义毅然入局则是"以出世的心态入世"，这何尝不是先秦儒家所追求的最高境界呢？而他的人生对标人物则是王阳明！

复盘他人的一个方向是复盘标杆，就是对"标杆"做的事情进行复盘，认清他们的想法，通过思考他们行为背后的逻辑和本质规律，比较快地帮助我们接近所谓真知。

曾国藩复盘标杆是王阳明。

王阳明从十二岁开始立志做"圣人"，其间学习骑射之术、游侠之术、军事之术、辞章之术、佛老之道，直到三十四岁才走入仕途，完成其"入世"的人生旅程。

很快他因刚直忠正受到太监刘瑾的迫害，几乎丧命，被流放到贵州龙场，在贬谪期间，他于困苦生活中寻求人生的光明意义，实现"吾心即天理"的人生境界的跃升。这个阶段的王阳明是在苦难之中获得"出世"的觉悟。

在龙场期间，王阳明创办龙冈书院，开始讲学授课启发民智；回到官场后，他一心为民争利、为国剿匪、平定宁王之乱……无非都是他践行"知行合一"的过程，都是他以良知为基础为国为民而尽心尽力，这难道不是"以出世的心态入世"的壮举么？

从曾国藩对标王阳明的故事可知：榜样的力量是无穷的，复盘技术对个人人生有强大的实用性。

二、头脑风暴

头脑风暴是一群人以会议讨论的形式，对某一问题或专题自由思考和联想，自由表达与提出创意、意见与提案的过程，它作为一种鼓励表达观点、激发创意的技术，与行动学习的共创、互动理念一致。

头脑风暴技术是由美国创造学家 A·F·奥斯本于 1939 年首次提出、1953 年正式发表的一种激发性思维方法，它非常实用，又是相对易于操作的技术，因此在企业经营、团队讨论中广为使用。

1. 头脑风暴步骤

● 会议准备：收集一些与议题有关的背景材料；寻找比较放松和明亮的讨论环境；选定与主题匹配的人员，限定合适的人数，正常情况以5人至9人为宜；选定观点澄清引导师、创意记录员；规划头脑风暴的议题数量与时间长度，经验表明一个话题的创意集中出现是在人思考10分钟后。

● 明确方向：确定讨论的主题和目标，呈现于白纸或白板之上，让参与者找到方向；明确问题与方向，但不应限制解决方案的范围。

● 开场引导：公布头脑风暴的研讨规划原则（例如听众不打断、不批评、不忽视）。

● 个人创意：自由思考、个人表达（个人自由表达或者按顺序轮流表达），从不同角度和层次，大胆地展开想象，尽可能地提出独创性的想法；鼓励在别人创意基础上进一步延展创意，从他人观点中得到启示，或补充他人的设想，或将他人的若干设想综合起来提出新的设想。记录员将个人表达的内容记录下来。

- 观点澄清：引导师以提问的方式帮助表达者澄清观点，做到观点发散但主题不变。
- 回顾补充：引导师带领大家将所有观点重新澄清一遍并分类，创意记录员合并同类项，团队一起补充记录新增观点。引导师控制时间，时间太短参与者难以畅所欲言，时间太长易产生疲劳。美国创造学家帕内斯指出，会议时间最好安排在30~45分钟之间。当观点比较多时，可以中场休息补充一些零食缓解，或者安排进行多次会议。

2. 头脑风暴心法

- 鼓励参与：要求和鼓励每个人积极思考、主动发言，但每次只能有一人发言，其他人认真聆听并结合发言人的观点发散思考，必要时进行记录，并比较自己的观点与发言人的异同。
- 鼓励创意：创意的数量越多越好，尽可能发挥想象力，拓展思维的边界，不排斥一切可能性；设想创意的质量和数量密切相关，产生的设想越多，其中创造性设想就可能越多。
- 聚焦主题：思维可以发散，鼓励天马行空的任意设想，但必须始终围绕所讨论的主题，不能偏离主题。
- 保持中性：不打断他人发言，不批评各种观点，不忽视任何一个声音。即使认为别人提出的观点是幼稚的、错误的，甚至是对于荒诞离奇的设想，亦不得予以驳斥。
- 观点平等：与会人员一律平等，将各种设想全部记录下来。（各种设想不论新旧或大小）

三、六项思考帽

六项思考帽是对某一主题进行全面思考的结构化思考技术，是"创新思维学之父"爱德华·德·博诺（Edward de Bono）博士开发的一种思维训练模式。

六项思考帽提倡思考中区分逻辑和情感、创造和信息。行动学习应用六项思考帽技术对学员的观点、创意、方案进行全面思考和判断，也是引导师对关键议题进行综合分析的常用引导程序。

1. 六项思考帽使用步骤

六项思考帽代表六种思考方向，每一个方向与一项具有特别颜色的"思考帽"相对应。行动学习者通过假想式戴上或转换"帽子"，转换预设心智，才能聚焦或转换思考方向，使对话和会议主题清晰而取得成效，并且显著提高所有类型的复杂沟通效果。

● 白帽：陈述问题，注重"中立性"。白色帽子用于搜集各环节的信息，收取各个部门存在的问题，找到基础数据。

● 绿帽：提出解决问题的方案，注重"创造性"。绿色帽子用于运用创新的思考方式跳出一般的思考模式，提出主意、概念、创意，包括行动的建议、解决问题的方案、可能的决定等；抑或是在现有方案基础上进行扩展。

● 黄帽：评估该方案的优点，注重"支持性"。黄色帽子用于对所有的想法从积极面进行识别与分析。

● 黑帽：列举该方案的缺点，注重"批判性"。黑色帽子用于对所有的想法从消极面进行识别与分析。

● 红帽：对该方案进行直觉判断，注重"感受性"。红色帽子用于对已经过滤过的问题进行分析、筛选，作出决定。

● 蓝帽：总结陈述，作出决策，注重"结论性"。蓝色帽子用于主持控制整个会议，包括明晰思考议题的焦点，确定下一步的行动，对整个议程的逻辑进行审视、观察和评论，必要时促进决策制定。

2. 六顶思考帽使用心法

白色思考帽使用要点：

● 思考的过程必须保持中立。

● 应分清楚事实与观点的不同，例如"一本书销量20万册"是事实，而"一本书卖得很火"是观点。

● 事实分为已核实的事实和未核实的事实。

绿色思考帽使用要点：

● 不必过多考虑现实情况和条件，大胆提出新思路。

● 多场景应用绿色思考，包括提出建议、提供新选择、提出全新方案等。

黄色思考帽使用要点：

● 判断应基于白色帽提供的有效数据和事实。

● 可以在原有方案和观点基础上扩展。

● 积极推动实施与行动。

黑色思考帽使用要点：

● 判断应基于白色帽提供的有效数据和事实。

● 可以引用外部案例。

● 可以提供风险可能性的处理预备措施。

红色思考帽使用要点：

● 判断基于直觉和预感，是"否潜意识"。

● 注意避免被情绪左右而影响本意。

● 用感性使方案具有更多的可能性。

四、团队列名

团队列名(Nominal Group Technique)是一种更加结构化的头脑风暴方法，用于克服头脑风暴中存在的"大嗓门效应"。它可以最大限度地收集小组成员的意见，操作思路是让所有小组成员在规定时间内独立思考并记录下自己的观点，然后轮流发言，直到穷尽所有人的观点，最后小组进行整理应用。

团队列名技术让团队打破思维局限，获得富有创意的想法，能最大限度地收集小组成员的意见，激发团队正能量。

1. 团队列名步骤

● 主题说明：主持人澄清主题，针对主题是什么、不是什么进行正反说明，帮助参与者明确目标；提供议题背景信息，包括潜在的原因，为什么要解决这个问题。

● 个人提案：每个成员利用10分钟到15分钟时间进行发散性思考。每个人按顺序轮流发言，提供解决问题的6条至8条建议。要求聚焦问题，要有具体措施。一次只讲一条，别人讲过的内容就跳过。尽可能循环穷尽所有人意见。记录者将所有发言写在活动挂图或活动卡片上。

● 分组讨论：小组讨论10分钟到15分钟时间，对每一条意见进行讨论与修订，包括澄清、条目合并或删除。形成最重要最关键的要求、具有可操作性的建议。如果有新的意见，也可以进行补充完善，例如成员突然产生了新的观点，可以随时加进来。

● 提案分类：所有意见梳理完后，小组对所有提案进行分组整合。对每类意见进行高度概括、提炼，覆盖建议内容，要求尽可能采用动宾短语表达结构。

- 诠释表达：所有成员对方案进行评估、打分排名，选出若干方案。用图形、图表及更形象的表达方式把分类的内容表现出来。聚焦关键性问题和关键性措施。回顾研讨过程，明确下一步行动。

2. 团队列名心法

主题说明阶段注意事项：

- 澄清讨论这个主题的重要性。
- 澄清本次研讨想要达到的结果。
- 要引导气氛，鼓励所有人思考，激发参与者贡献的兴奋感。
- 要约定研讨的指导原则、规范流程。
- 规定时间并安排计时员。

个人提案阶段注意事项：

- 应激发新想法，鼓励增加新想法数量和创新。
- 包容所有参与者的具有洞见的方式。
- 创造一个安静的环境，过程中一般不评论。
- 所有发言写在活动挂图或活动卡片上。

分组讨论阶段注意事项：

- 发掘新的见解，提出新的观点与关联。
- 聚焦意见达成共识的方案。

提案分类命名阶段注意事项：

- 尽可能符合不重复不遗漏的原则。
- 共识度高的优先呈现。
- 发掘新视野以及突破先前理解。
- 根据分类补充其他可能方案。

诠释表达阶段注意事项：

- 按照重要性进行排序。

- 展示将如何运用共创的成果。
- 鼓励共同负起责任与分工实施。

五、开放空间[①]

开放空间技术是以开会、研讨的方式，使用这个技术过程中会产生非常好的沟通互动、合作、创新以及面对挑战和转变的好策略。每个参与者都可以在主题框架下提出自己关心的问题或想解决的需求，借助不同参与者的关注和智慧讨论并获取新的认知。

开放空间是一个可以让参与者全面自由存在的空间，让一切自然地流动，可以根据不同话题移动双脚进行贡献（角色定义为"蜜蜂"），也可以选择停留从而思考、交流（角色定义为"蝴蝶"）。角色可以随时互换，总之能让所有的信息在这个空间里面得到充分的表达与交流。

开放空间坚持四个原则：
- 来的人就是对的人。
- 无论何时开始都是对的时间。
- 发生什么就是当下只能发生的事。
- 结束的时候就结束了。

开放空间技术适合使用的应用场景与行动学习的触发场景高度一致：
- 有多元背景参与者。
- 解决复杂而有潜在冲突的问题，尤其是急迫而状况紧急的待处理的真实问题。
- 组织或团队里目前没有人知道明确的答案。
- 需要小组一起找答案。

[①] 段泓冰. 培训落地促动师[M]. 北京：北京联合出版公司，2018.3.

开放空间似乎尤其适用于"认知提升类"行动学习，因为课堂共创环节导入的是待解决的组织重大问题，例如"如何改善公司的绩效体系"。每个学员在课堂共创过程是借这个主题延伸自己团队的议题，例如"××部门如何提升绩效管理的有效性"。这个分解的过程与开放空间的子议题模式下的过程尤其接近，通过这种方式还能观察自己的问题的普遍程度如何，还有可能在大家启发之下解决问题，可谓是一举多得。

1. 开放空间使用步骤

- 构建场域：引导者让参与者围成一个圈，通过介绍与互动热场让大家感到放松。

- 明确大主题：引导者解释本场主题、目标。

- 说明操作要素：开放空间的四项原则和一个法则（移动双脚法则）；说明蝴蝶与蜜蜂角色的意义；引导大家根据内心热情所在提出自己的子主题（标题、姓名、张贴）。

- 分解子主题：子主题发起者澄清自己发起的主题，自己发起、自己负责。

- 议题集市：其他参与者（即蜜蜂）移动双脚作出贡献，可根据自己的意愿来选择参与哪个议题，用脚投票，也可以旁观（作为蝴蝶）。子主题发起者要记录贡献者的内容，并向下延伸以等待下一个贡献出现。

- 成果呈现：每项议题的会议记录张贴在"新闻墙"上，参与者根据需要可以在各议题的会议记录上加上自己的意见，或修正自己的看法，以便整理记录更完整。子主题发起者总结、呈现大家贡献的成果。

- 识别核心议题：引导师过程中做记录，必要时引导合并议题。每个人发数个红色小贴纸，贴在自己认为最重要的会议记录上，让关注度高的议题自然呈现。

- 行动决策：针对核心议题，制订实施计划。若时间允许，针对几项焦点问题展开进一步的行动计划，把大家的智慧化为行动。

2. 开放空间使用心法

引导人注意事项：

● 选择一个具有相对开放性或包容性强的话题，避免选择一个小众话题。

● 需要安排人做会议记录。

● 约定的时间到了，就召集大家讨论。

● 全周期大概通常控制在一小时到一个半小时之间。

子主题分解人注意事项：

● 发起者要放低姿态，告诉大家自己是来寻求帮助的，要招揽"生意"。

● 将问题细化比较容易引起参与感。

● 一般需要坚守在自己的子议题面前。

● 反思议题的三个问题：是否明确？议题提出时机是否合适？是否只有自己可以解决？

● 持空杯心态，不要对帮助者的意见表现出判断和过滤的态度。

议题集市参与者注意事项：

● 安心参与自己最喜欢的主题活动，发生什么就是什么，遇见多少就是多少。

● 将意外当作惊喜。

六、世界咖啡

世界咖啡是一种促进对话的工具，能够提升组织对现实问题和关键战略问题的集体洞察力。一方面，世界咖啡以团体动力学为基础，通过建立团体间的对话发挥作用；另一方面，它促进知识共享和深层次的群体创造力的发挥，有利于带动组织大规模协作、学习和变革。

世界咖啡五项原则与行动学习的存在诸多共鸣：

- 营造热情、友好的氛围。
- 探索组织关键及重大的问题。
- 鼓励人与人、观点与观点的连接。
- 倾听多人创作引发的更深层次的思考。
- 观点和结论可视化呈现、鼓励传播共享。

世界咖啡这项技术仿佛天生就是为"问题诊断类"行动学习设计的，它利用群体的智慧共享信息、交互观点，形成对关键主题的叠加智慧。我们完全可以借助世界咖啡技术聚焦组织重大问题，激发管理群对经营类、管理类、战略类差距的共同关注。它之所以有效是因为这个技术的核心是跨界，让不同专业背景、不同职务、不同部门的人在组织发展的关键上碰撞出火花。

1. 世界咖啡活动步骤

- 情境布局：通过创设轻松友好的讨论环境，充分激发人员的参与热情；提供可自由移动的桌椅、白板、便利贴、思维导图、图片等。
- 开场引导：主持人引导分组，5人到6人成一组，一组成一桌。桌长和记录员分别负责组织研讨、促进思考与记录观点、绘制思维导图等；介绍主题和规则，解答学员疑问。
- 聚焦主题：为什么要进行这次世界咖啡活动？思考预期达到的效果，主题可以是一个，也可以是多个，例如"企业要实现其愿景，五年之内需要克服的主要困难会是什么"。
- 主题研讨：先各自思考，然后鼓励大家将思路记录下来或涂鸦表达出来，包括讨论主题的意义，明确目前的信息，反思需要补充的信息，探索我们可能有的机会，反思我们面临的主要短板是什么。
- 自由流动：每个小组留下桌长和记录员，其他人员作为"小蜜蜂"到别的小组去参与研讨，一边分享本组观点，一边吸收他组的智慧。在具体设计上，"小蜜蜂"可以无序自由飞翔，也可以按规则一次一个定点小组地顺次链接。组长要向新来的组员表达欢迎，然后介绍本组主题并分享前轮成果。新组员分享自己原来小组的成果，组员提供新的创意和补充，组员质疑与反思，时间到轮到下一组。

● 观点链接："小蜜蜂"们回到原组之后，要将采集的"花粉"汇报并与原有观点进行链接，组长可以引导："你在这个过程中有什么感受？各位带回来哪些观点可以和我们的想法进行链接？我们可以补充什么内容？"

● 共享成果：启发成员深度思考这个过程中的收获，是否发现新的观点和感悟？产出本组最重要的问题（链接"问题诊断类"行动学习），促进产生下一步行动（如撰写针对重大问题的任务卡），汇报和交流成果，引导师可以根据主题引导展望："我们今天做的事对未来具有怎样的重大影响？"

2. 世界咖啡使用心法

● 主题明确：主题要有意义、有价值。
● 氛围友好：尽可能让空间变得温馨和美好，美得像真的咖啡厅。
● 鼓励贡献：畅所欲言、自由表达、贡献观点和建议。
● 异花授粉：世界咖啡的精髓就是组间交流和共享。
● 深度链接：带回的观点要引导与原有观点链接并深度反思差异与原因。
● 共思共享：可以采用多种方式分享观点，包括文字、图形、思维导图、图表……只要有利于表达观点和结论，鼓励百花齐放。

七、城镇会议

城镇会议最早出现于殖民地时期的新英格兰，在那里它至今仍是一种普遍现象，原因之一是这里的城镇往往被赋予别处县所未享有的权力。公开的城镇会议是一种民主形式，它允许所有注册选民就议程所列条款或授权进行投票表决。

城镇会议的目的是项目信息共享，提出和规划生产改善建议、行动计划、资源调置，要决策者在现场作出决定。

1. 城镇会议使用步骤

● 规则说明：介绍城镇会议基本情况与规则，回答此时提出的任何问题，并欢迎每一位来到城镇会议现场的人，介绍出席的决策者和负责人。

● 方案介绍：让项目小组代表上来介绍方案。

● 方案评审：每个项目介绍完毕后，让大家提问题或做评论。（可能包括群众、专家或决策者。）

● 行动计划：小组成员集团汇报行动计划与分工情况。

● 计划评审：计划分工介绍完毕后，让大家提问题或做评论。（可能包括群众、专家或决策者。）

● 决策判断：询问决策者或负责人对该决策的决定，提项目建议要表现出热情与对项目小组成员的认可。决策者说"不"时应指出原因。管理者承诺资源配置时，有必要的话，管理者作为推动者或者导师参与项目。

● 组间循环：一组一组依次汇报与评审。

● 会议结束：感谢每位参与者贡献智慧。

2. 城镇会议使用心法

方案结构建议：

● 现状问题与影响。

● 关键问题和影响程度。

● 改善建议一、二、三。

● 追踪和衡量标准。

● 实施行动计划。

● 所需资源和帮助的建议。

方案介绍注意要点：

- 会前对项目方案做好充分准备，包括论点、论据和论证过程。
- 守时。
- 安排人员做好城镇会议记录并在现场反映出来（评审建议、收益、决策与问题、评论、结果），形成知识沉淀与宣传资料。

方案评审注意要点：
- 决策者通过提问帮助项目小组成员反思项目中的不足。
- 项目小组要能够知晓可获得的资源。
- 鼓励项目小组行动计划激进一些。
- 决策者要坦率地表达任何顾虑或保留意见。
- 有些决策在当场无法完成时，也必须在一定时间承诺提供结论。

八、群策群力

杰克·韦尔奇在20世纪80年代后期发起了"群策群力"（Work-Out）活动，本质上是广开言路、集思广益、动员和鼓励全体员工献计献策的机制。他认为所有级别的GE人都应坦率直言，这样企业才能获得员工最好的主意。

在企业的实践应用中，群策群力成为支持组织变革、解决关键问题、帮助管理人员取得业绩突破的技术。原则上，这项技术要求成员：
- 各层级员工平等参与，凝聚组织人员的最大智慧。
- 在组织内逐步形成无边界的沟通氛围。
- 借助这项技术中的结构化步骤提高决策效率与质量水平。

1. 群策群力步骤

- 列举现象：从关键正、反面事件入手，罗列现象与行为，可从绩效评估结论开始。

- 识别问题：识别引发现象的各种问题，问题就是实际与预期的各项差距。（业绩类、管理类、战略类）
- 识别要因：剔除不相关原因或错误因素。
- 梳理逻辑：完成问题的归类，形成问题"组"，了解问题组内每个问题之间的联系，跨组问题之间的联系，将问题逐步系统化和因果链接化。
- 聚焦关键：根据问题的紧急性与重要性，通过两维矩阵给问题排序，聚焦真正重要的对公司发展有重大影响的问题。
- 寻找目标：设想解决问题，我们会看到什么景象？明确解决问题的目的，要实现的目标，以及对应的指标。目标须按SMART的要求筛选，团队针对目标进行展望，形成共同的愿景。
- 制定解决方案：团队首先进行SWOT分析，结合内外部条件，识别解决问题的总体策略。根据预期的结果明确解决问题的顺序，识别解决问题可能需要的条件和资源、解决问题的工具和方法，形成消除原因或因果链条的综合解决方案。
- 验证方案：回顾过程，重新审视与界定问题、检验目标；评估、研究方案的可行性与收益性，理性分析项目成功的可能性。
- 城镇会议：小组汇报讨论方案与行动计划；质疑、反思与答辩；管理层当场做出对问题与检验目标的决议。
- 方案分工：行动学习小组对按标准完成任务、达成目标负有共同责任；根据行动计划进行分工；领导授权激发承诺；建立、实施过程监控与反馈机制；鼓励各小组之间的良性竞争。

2. 群策群力使用心法

罗列现象注意事项：

- 采取观察与直接还原的方式呈现，不加入个人的评价和总结。
- 尽可能全部罗列让你困惑的现象、不合格的现象、有重大潜在影响或现实影响的现象。

- 必要时可以使用团队列名法收集。
- 描述时使用"白色帽子"。

问题分析注意事项：
- 所选择的关键问题要找到其影响公司战略的逻辑，评估相关性。
- 问题向内求，原则上是在公司的影响力范围之内的优先识别。
- 可以结合行动学习的问题分类进行思考。
- 找问题不是找解决方案，不要将两者混淆。
- 筛选重要原因时注意多问一次"为什么这个原因不重要"，大家可以思考后投票决定。
- 聚焦关键原因时可以采用"重要性和紧急性"两维矩阵或柏拉图。

寻找目标注意事项：
- 可以通过绘画的方式描绘项目成功后的景象。
- 尽可能有感染力，启发团队产生愿景，激发梦想。
- 一个总目标下可以针对子因素分解目标。

制定解决方案注意事项：
- 举措向内求，是公司的能力与资源条件下的方案。
- 可以结合SWOT对方案进行分析：内部优势、劣势和外部机会、威胁。
- 可以准备一套主选方案下的备选方案。

制定验证方案注意事项：
- 全过程逻辑分析过程是否疏漏。
- 目标是否具有战略意义？
- 方案是否直击问题？
- 大家对评估方案的工具达成共识。

城镇会议注意事项：
- 城镇会议运作逻辑是面向项目的决策者、执行者和关联部门的负责人进行项目信息的共享，通过民主开放的沟通方式，将所有项目因素摆在台面，达到快速决策与授权的效果。具体做法是决策者在现场作出决定，并当场授权，将每个项目的行动计划、资源调配权交给项目的执行者。

● 行动学习城镇会议组织顺序是先讲个人汇报方案整体思路，再讲逻辑，最后讲可行性；小组集体汇报行动计划；评委（由专家与管理层人员构成）点评；互动点评。

● 现场批复和承诺提供资源是成功的关键因素，由领导根据小组计划提供相应的支持并做鼓励、总结陈词。

方案分工注意事项：

● 行动计划表的设计可以参考GE行动计划的样式。

● 产生方案与实施方案都应基于承诺管理，充分调动团队每一个成员的信心，作出承诺。

● 项目方案可分成不同行动策略的方案，根据行动策略可以二次分组，学员可主动要求作为承担行动策略任务的负责人（自动自发执行的关键），每个小组再根据计划模板制定行动方案，然后汇总成为项目完整的行动计划。

九、聚焦式会话

使用聚焦式会话技术是通过有序提出数据层面、体验层面、理解层面、决定层面的问题，促进与会者共享智慧。这项技术通过提问引导人们去寻找解决问题的新思路，适用于一对多或一对一沟通。经过实践验证，它是提高沟通效率、营造探索氛围的有效手段。

1. 聚焦式会话步骤

目标设置：希望通过会话达到什么效果（理性目的）？希望在会话过程中产生怎样的情绪和氛围（感性目的）？有什么辅助材料可以使用？

针对四个层面设计引导的问题：

- 理性目的：想要得到什么具体成果？团队将学到什么？了解什么？或决定什么？需要产生什么结果？
- 感性目的：团队需要体验到什么？好奇？激动？对未来无限可能的憧憬？

会话准备：场地布置、圈形围坐摆设、鼓励的目光接触、避免外界声音干扰的措施、文案记录工具。

启动对话：欢迎、邀请入座；热场或简要破冰；表明主题、目的、说明流程和规则。

第一轮对话（见－数据层面－呈现客观事实）：用最易回答的问题切入探寻，了解与主题相关的一切看到的、听到的、接触的、闻到的、尝到的。

- 你还记得什么，发生了什么？
- 重点内容是哪些？
- 还能补充什么内容？

第二轮对话（感－体验层面－感性主观反应）：引发个体感性反应与数据的连接，唤起个人对事实的反应，可以是情感反应也可以是联想。

- 你有什么感受？惊讶？兴奋？挫折？失望？
- 你回忆引起感受的是什么情景？
- 哪一个部分让你特别难忘记？

第三轮对话（思—理解层面－理性事实分析）：引发个体的理性与数据的连接，挖掘事实与数据后的意义和价值，包括意义、目的、信仰、相关的故事或原因分析。

- 请用你自己的话说一说对这节课的理解。
- 这些内容或数据的主要价值是什么，带来什么启发？
- 原来的运作方式存在哪些问题？

第四轮对话（行－决定层面－基于事实和分析的行动）：触发行动与应用，让人们对进一步行动进行决定。

- 基于启发，你应该有什么行动？

- 下一步的行动关键是什么？
- 如何开始做比较好？

总结：对于谈话内容的整理与归纳，表达感谢、鼓励。

2. 聚焦式会话心法

数据层面引导注意事项：

- 引导师邀请发言，可以说："请从×××（姓名）开始顺时针逐次回答。"
- 这个阶段仅陈述，不评论，不讨论。
- 启动阶段大家还不够主动时，可以鼓励发言："今天的讨论关键在分享，没有对错之分。"

体验层面引导注意事项：

- 自由发言，不按顺序。
- 对过长的或晦涩的表达进行引导："能否举个例子呢？"
- 在有争议的时刻进行提示："我们尊重彼此观点。"

理解层面引导注意事项：

- 根据目的引导思考。
- 关注参与者在生活中经历过哪些故事，被用作讨论时的诠释。
- 如果缺失前两个层面的支持，这层认知深入可能有限；如果有必要，可对接上一层内容进行引导。
- 不同观点背后都有对事物特定的信念及假设，可以引导反思找到它们形成的原因，促成所有与会者更深、更广的对话。

决定层面引导注意事项：

- 观察对方是否已经将情绪释放并且做好了进一步行动的准备。如果没有，看是在哪个层面还没有完全说清楚。
- 上级已经有定论的决策不必再列入讨论之列。

十、欣赏式探询

"欣赏式探询"就是通过探询和肯定个人和组织最好、最美的一面,最终营造出人与人之间相互认可、相互信任、相互支持、积极正向的氛围,实现个人与组织的共同成长。

"欣赏式探询"源于"肯定",本质是"从心出发,解决问题",就是在人的"动机"层面激发美好愿景。通过这个技术激发人的行动,调动组织集体智慧,共同创造积极行为,拥抱变革。

该技术适用于以下情形:

- 组织面临重大转型或变革时。
- 个人缺乏中长期目标,或者目标不清晰—缺乏感召力。
- 个人常常对生活、工作感到困惑,对现状不满意。
- 组织或个人遭遇问题或遇到挑战时。

技术产生效果的原因:

- 产生积极的心理暗示,培养积极的自我认知。
- 克服自我防卫与组织防卫。
- 强调激发团队智慧,持续地共同创造,降低个人风险。

1. 欣赏式探询步骤

准备:选择乐观的主题,将这个主题贯穿整个过程;选出需要参加项目的相关人员;列出一系列欣赏式的问题;制作欣赏式访谈大纲。

发现:识别整个系统、探询组织成功的原因,确定"组织从过去走向现在和未来最核心的成功要素"。可以请利益相关者分享"我们的优势、最佳实践",厘清他们所讲的逻辑关系、追根溯源寻求本质,找出"什么赋予组织以意义"。

- 公司何时处于巅峰状态？如何描述？
- 让公司获得过去的成功经验，并处于最佳状态的核心要素是什么？
- 最让你珍视并坚持要传承的组织优势和组织智慧有哪些？
- 如果5年后公司是你最理想的组织，你希望看到什么或听到什么？
- 你理想中的公司和现在的样子有哪些差别？
- 为了梦想成真，有什么是我们必须做的？

梦想：我们期待发生什么？让团队看到自己和团队的潜能、产生挑战的信心，即组织结合所发现的潜能和资源创造一个清晰的愿景，让人更有激情，放大正能量。

- 列出公司的所有的正向核心元素，写在一张海报纸上。
- 通过画图整理大家的思路，让成员构想未来的样子，形成对公司以及对其发展的理解。

设计：联结组织过去的正能量与未来会发生的正向转变，确认回应如何将组织变成我们梦想的样子。

- 按实现梦想的最理想模式去设计所需要具备的各项条件。
- 我们达到愿景的道路是什么？
- 相关的组织、流程、保障等有哪些？

实现：帮助员工想出自己的方法和手段去实现梦想，促进绩效改善。

- 具体的行动计划。
- 激励方式。
- 组织提供资源与协助承诺。

2. 欣赏式探询心法

发现阶段技巧：

- 探寻过去的成功与荣耀：例如可破冰让学员编写三个成长中最重要的故事，提炼出过程中的成功支点。

- 分享组织最佳实践或核心竞争力。
- 描绘组织崇高的理想。
- 诠释知识资源、集体智慧。
- 发现领导力或管理能力。
- 发现组织积极的能量与情绪。

梦想阶段技巧：
- 现场人数建议安排在25人左右。
- 引导者准备一些问题帮助大家打开创意的心门，要让员工自发地向集体说出梦想。
- 可以通过小组共同提炼所闻所想、共画未来。
- 请小组代表说出梦想，其他成员可以补充。
- 要基于现实设想未来，但这个阶段不能直接跳过。

设计阶段技巧：
- 对于实现梦想进行开放式对话。
- 提前盘点识别可应用的内外部因素。
- 记录设计的关键点。

实现阶段技巧：
- 重在执行和实现。
- 重在可持续：行动内容在组织内制度化、常态化。

十一、鱼缸会议

鱼缸会议是信息接收者作为"鱼"只听不说的一种沟通方式，是帮助"鱼"用他人的眼光审视自己的一种会议技术。被诊断的人或部门好像鱼缸中供人评论的鱼，自始至终不能发言，只能对问题进行记录。

这样设计是为了防止"鱼"产生习惯性防卫心理，便于其他部门无拘无束地谈出自己真实的观点；被诊断的"鱼"可以充分地了解其他部门对自己的看法，看清自己对其他部门的影响。组织安排这样的会议可以帮助各部门真心听取周围人的意见和建议，调整战略形成合力，实现多方共赢。

1. 鱼缸会议举办步骤

- 会议准备：宽松的环境，减少参与者的压迫感；确定会议主题；根据人数安排座位。
- 会议启动：引导者欢迎参会者；澄清会议目的和主题；告知要遵守的规则；明确"鱼"和"水"的角色要求。
- 信息沟通：每个人都会依次成为"鱼"，"鱼"上台就座，阐述自己的问题或是对主题的思考和看法，其后邀请周边的"水"逐一对"鱼"进行有建设性的评价和意见反馈。作为"鱼"只能听，不能反馈。"水"作为评论者对"鱼"轮流进行评价，评论必须基于事实。引导者在这个过程中维持规则。"鱼"在接收了别人的问题和建议之后，一定要对他人表达感谢。
- 信息整理：整理得到的信息、建议和反馈，系统化地思考；拟定行动计划，着手实施。
- 会后行动：采取行动

2. 鱼缸会议使用心法

会议准备注意事项：

- 可适用于组织会议，也适用于家庭的沟通。
- 主题设计需要基于最真实的工作场景。
- 发一份邀请函，内容包括会议目的、主题、应遵守的规则等。
- 明确组织者是引导者，不参与评论。

会议启动注意事项：

- 说明鱼缸会议是一种对话形式，而非批判会、检讨会。

- 引导参与者的参与心态：举行会议是为了客观看待问题，增进彼此联系，创造团队价值。
- 每个人对主题一定要事先进行深入思考。
- 反馈时要以具体的事例做依据来叙述和表达，而不是进行情绪表达。

信息沟通注意事项：

"水"的反馈与评论可遵循 SHARE 的表达结构：

- S（Situation）：指实际情况和条件，通常是指明事件发生的时间、地点、环境、背景等，例如，在上周举行的战略工作坊中，你……
- HA（How it was Approached）：指发现的具体行为，例如，你引导HR集团的管理层进行年度经营计划的表格填写。
- R（Result）：指行为带来的结果或影响，体现其重要性，即贡献或损失。比如：你让各小组汇报后互相评论的方式让大家畅所欲言，很大程度上改变了以往这类会议沉闷的气氛，效果十分热烈。
- E（Expectation）：指对将来的期望，希望反馈者巩固和改正某些行为。比如：我非常欣赏你的工作及你对本项目的投入，这确实帮助了我们大家；我期待你在年度预算的课程中也能够安排更多的互动环节，增强大家的参与感。

"鱼"的聆听按 SHARE 的心理调整（务必在该心理变化过程中保持冷静与沉默）：

- 吃惊：触及认知盲点，获得"不知道自己不知道"的领域。
- 气愤：打开惯性防卫的心理机制，但在被强制处于不可反驳和保护的情况下没有让这个机制反应在行动上。
- 反思：打开"保护壳"去吸收"养分"，逐渐适应这个"直击内心"的过程；开始将注意力集中在事的本身，而不是对个人过多的"保护"。
- 接受：吸收合理的成分，更加多角色和客观地看待自己，未来判断和分析也会更加具有综合性。

"鱼"的伙伴或记录员帮助完成的工作：

- 对"水"提出的评论内容进行记录。
- 对内容进行分类、命名。
- 对各类评论的逻辑进行整理。
- 形成"鱼"的启发与行动计划。

引导师注意事项：

- 发现"鱼"和"水"要进行争辩和对话的时候一定要介入阻止，维护好规则。
- 要求评论必须基于现实，建议也基于某个具体的场景，因为建议在不同条件下的作用是不一样的。
- 可采用积极反馈的句式，例如"××在×情形下做了××事情推动团队的……方向的进展或进步"。省略号中省略的主题词参考：信任、承担责任、业绩提升、方案优化。
- 可采用质疑性反馈的句式，例如"××在×情形下，做了哪些事情导致团队受到……方向的影响或损失"。省略号中省略的主题词参考：缺乏信任、缺乏承诺、逃避责任等。

十二、私人董事会

私人董事会是企业家、高层人员之间的一种交流与社交形式，核心在于汇集跨行业的群体智慧，解决企业经营管理中的比较复杂而又现实的难题。由于行动学习的倡导核心是解决企业实际存在的重大问题，因此这项技术对行动学习有促进意义。

1. 私人董事会活动步骤

- 议题征集：引导每个会员提交一个"议题"，要求必须是正在困扰这位会员的真实问题。

- 议题表决：由各位会员投票表决，选出大家都感兴趣的话题。
- 议题说明：议题提出者负责具体说明问题，建议采用以下标准句式：

问题：我带来……的问题想请教大家。

价值：这个问题是重要的，因为……

尝试：为了解决这个问题，我已经做了……效果是……

期待：我希望小组能帮到我的是……

互动澄清：其他成员向议题所有者提问，后者进行澄清；引导师通过引导提问，层层深入问题，抵达问题的本质。这个环节让议题所有者重新思考问题，往往在过程中，议题所有者思路豁然开朗。

- 议题优化：经过上一轮的问答之后，议题发起者重新修正自己面临的问题，让问题更加清晰、聚焦。

- 建议分享：由其他会员给出具体可操作的建议，最好是自己曾经亲历得出的经验和心得。通过会员自身的说法，帮助问题所有者开阔思路，寻找到新的解决方案。

- 讨论总结：议题所有者总结陈词，改进问题的步骤和时间表，表达收获，表示感谢。

- 未来反馈：下一次私董会时，议题所有者向小组会员汇报实施进展，并征求下一步行动的建议。

2. 私人董事会使用心法

互动澄清与建议分享环节注意事项：

- 互动澄清只能提问。
- 议题所有者只能就问题作出回答，不进行扩展。
- 过程中不做对人的评论。
- 议题所有者需记录大家给自己启发大的建议，期间不打断。
- 照顾到常未发言的小伙伴，给他们话语权。
- 对于建议给出积极的评价，多做鼓励、赞美。

活动开展原则：

- 平等原则：私董会的成员之间地位是平等的。
- 保密原则：活动过程涉及大量的商业秘密，成员须遵守保密原则。
- 务实原则：针对企业实际问题进行交流。

十三、未来探索

未来探索是将关键负责人和利益相关者聚在一起，共同探索过去、现在和未来，聚集共同点和未来愿景，制定行动计划与落地措施的技术。

行动学习引用这一技术让人们挣脱隔阂的束缚、应用全球思维和集体价值观达成共识，实现系统改进。也就是说，它能够让公司所有的成员跳出自己原来的圈子，跳出自己原有的思维框架，打破自己的身份边界，对于自己的未来拥有更多的话语权和自主权。

未来探索帮助人们迈向一个存在的、明确的愿景，适用场景举例：

- 公司新班子、新团队成立，成员之间需要加强认识与达成共识。
- 公司召开半年会议或年终总结会议。
- 公司与供应商及客户之间进行的流程诊断与研讨。

1. 未来探索步骤

- 聚焦过去：梳理你的现状是怎么产生的。
- 聚焦现在：现今在大的环境、大的系统当中处于什么样的位置？
- 聚焦未来：未来和你的现状之间、和你的真实感受之间有什么联系？
- 凝聚共识：利益相关者创造组织的共同愿景，并按照愿景来行动。
- 制定行动方案：让与会的利益相关者发现共同目的并为他们自己的计划负责任。

2. 未来探索使用心法

- 分享的信息经过梳理、连接、分享成为观点，这些都要在会议现场这个空间里才能完整呈现。
- 不随便下结论，要在掌握全面信息的基础上作出判断。
- 焦点议题放在全球的视角里，帮助每个人看到一幅比平时更大的图景。

十四、话题世界杯

话题世界杯是通过多小组互相"进攻"的方式让彼此挑战对方的观点与论证，由裁判确认胜负的一种话题讨论方式。这种利用对手质疑与本方辩护的方式能加深学员对议题的理解，从而引起心智模式的调整与行为的变化。它是专门为行动学习设计的促动技术。

1. 话题世界杯活动步骤

- 赛前准备：场地应容得下三个以上小组；各小组应已经针对同一个议题或不同议题讨论出一定的结论，并且已经将结论撰写或绘制在大白纸上。
- 启动：引导师集中大家注意，每小组留下一名"守门员"，派出一名"裁判"，派出他所有"队员"，约定时间。
- 上半场："裁判"逆时针向后一组"执法"，"队员"顺时针向前一组进行"攻击"。被攻击组的"守门员"说明议题和本组观点；"队员"找问题，包括论点、论据、论证过程中的问题，都可以"攻击"；"守门员"解释与反击，维护本组的观点。由"裁判"控制时间，在约定时间内裁决"攻击"是否成立及"进球"的个数。
- 中场小结：引导师让大家归位，计算分数；要求各小组先完整本小组议题与观点，然后思考下半场进攻与防守的策略。
- 下半场："裁判"顺时针向前一组"执法"，"队员"逆时针向后一组进行"攻击"，被攻击组的"守门员"说明本组议题和观点，其他同上半场。
- 终场总结：引导师让大家归位，计算分数。

- 制定行动方案：各小组展示，引导师引导大家分享所见所闻、感受、启发、行动计划。

2. 话题世界杯使用心法

"裁判"的注意事项：

- 对双方的观点具有最终判断权。
- 尽可能客观公正。
- 需要引导和澄清，让双方观点在同一层面上碰撞。

"队员"的注意事项：

- 先聆听分析"守门员"的论证逻辑。
- 不要为攻而攻，要吸收对方论证的合理性。
- 可以事前分工，有的攻论据，有的攻论证过程，有的攻论点。

"守门员"的注意事项：

- 尽可能澄清本组观点。
- 辩护时思考对方的攻击的合理性，记录下来补充小组观点。
- 发挥领导力，控制攻防双方的节奏。

本章小结

本章介绍行动学习中被经常应用的促动计划，主要是一般通用类的复盘、头脑风暴、六顶思考帽。

高度匹配三类行动学习的团队列名、开放空间、世界咖啡、城镇会议、群策群力。

其他各有特点的相关技术：聚焦式会话、鱼缸会议、欣赏式探询、私人董事会、未来探索、议题世界杯。

下一章将介绍行动学习的工具、表单。

第五章
行动学习之器（工具、表单）

一、工具箱

1. 逻辑树

逻辑树又称为演绎树或分解树,英文名称是 Issue Tree,是一种以树状图形来分析存在的问题及内部相互关系的方法。

从已知问题出发,然后开始思考这个问题与哪些问题或子任务有关,像"树枝"一样不断延伸,形成延展链条。

(1)议题树

在解决问题的初始阶段使用议题树,先明确"思考的主题",将问题进行分解,以此类推,可以将问题逐级分解。同一层级上的内容需要满足相互独立、完全穷尽的原则。

对于如何分解议题,对于"问题诊断类"议题来说要不断问"为什么";对于"问题决策类"议题要不断问"怎么做"。如图 5-1 所示。

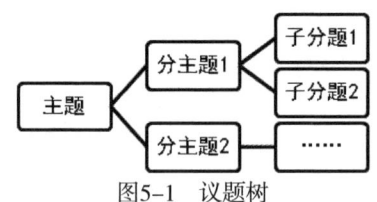

图5-1 议题树

(2)假设树

在对某种解决方案证真或证伪时使用假设树,只有所有论点都支持时该方案时才成立。如图 5-2 所示。

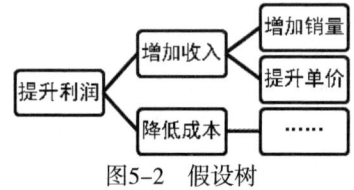

图5-2 假设树

(3) 是否树

提出一个问题，判断"是"或者"否"以此类推进行下一轮判断分析，不断循环。如图5-3所示。

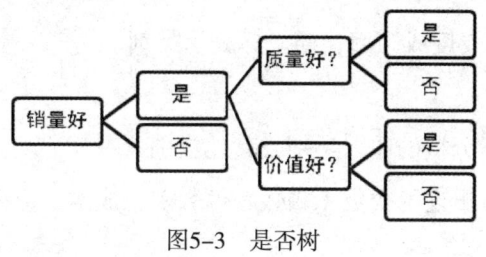

图5-3 是否树

2. 鱼骨图

鱼骨图用于寻找问题的根因，其特点是简洁实用，深入直观。

通过使用头脑风暴法找出那些因素，并将它们与特性值一起按相互关联性整理得层次分明、条理清楚。

绘制要点：

● 填写鱼头的主题，画出主体鱼骨。

● 画大骨，标注第一层要因。

● 画出中骨、小骨，标注第二层、第三层要因。

● 以此类推。

如图5-4所示。

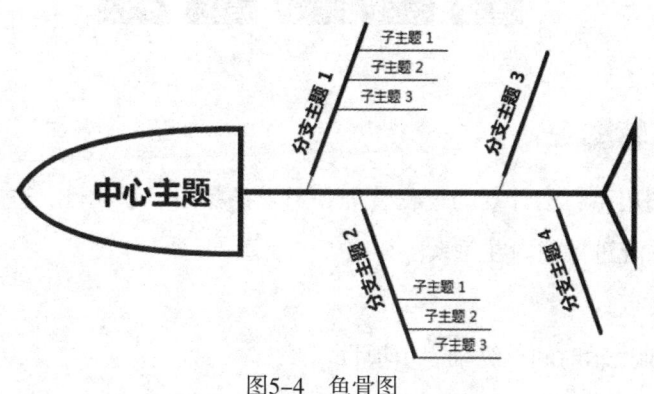

图5-4 鱼骨图

3. 柏拉图

柏拉图是按原因分类排列、寻求最大比率之因素的技术，呈现为一种图形。如图 5-5 所示。

纵坐标表示重要度或频率，横坐标表示类别。

绘制要点：

- 选择要进行分析的原因类别或其他类别
- 统计、分析出现的次数（频数、件数）、成本、金额或其他。
- 画横纵坐标。
- 标注度量单位的量值，显示出每个项目的影响大小。
- 由左到右累加每个项目的百分比，并画出帕累托曲线，表示累计影响程度。
- 利用柏拉图确定重要原因类别（关键、少数）。

如图所示。

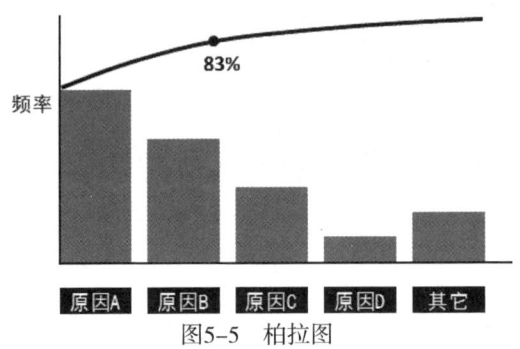

图5-5　柏拉图

4. 甘特图

甘特图用于行动计划的过程管理，通过条状图显示项目、进度和其他时间相关的系统进展的内在关系。如图 5-6 所示。

绘制要点：

- 横轴表示时间，纵轴表示项目。
- 空矩形条表示计划时间周期。

- 实矩形条表示实际完成周期。
- 双线代表评估时间点。

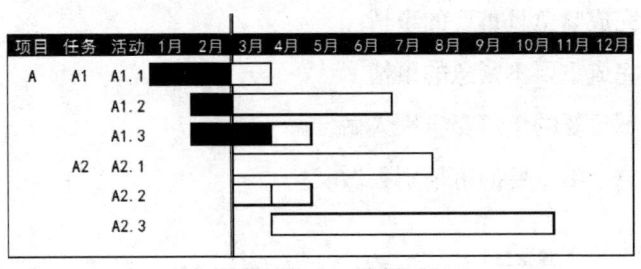

图5-6 甘特图

甘特图5-6简要解读：

- 项目A有两大任务A1和A2。
- 两大任务都分别由三项活动组成，分别是A1.1至A1.3以及A2.1至A2.3。
- A1.1计划三个月完成（1月至3月），实际在2月底按进度完成任务。
- A1.2计划五个月完成（2月至6月），实际在2月初开始，2月底如期完成。
- A1.3计划三个月完成（2月至4月），实际在2月初开始，2月底超过预期，把3月的进度也已经完成了。
- A2.1至A2.3按计划暂时都未启动。

5. 重要性与紧急性二维矩阵

重要性与紧急性二维矩阵能够帮助我们看清重要性和紧迫性不同区域的不同意义，我们以此为依据对自己的时间安排作出调整。如图5-7所示。

操作要点：

- 我们可以用不同颜色和不同形状的便签来对任务对象进行区分，例如方形便签代表一次性任务，圆形便签代表重复性工作。
- 填入内容，调整位置。
- 快速完成一遍之后，重新思考，再调整位置。
- 在活动矩阵中选出重要的任务放入任务清单。
- 任务清单可以帮助我们对事务进行排序和限期。

- 对事项安排顺序和期限。

应用建议：

- 优先完成紧急且重要的事情。
- 然后完成重要不紧急的事情。
- 紧急不重要的事情交给别人做。
- 不紧急也不重要的事情别去做。

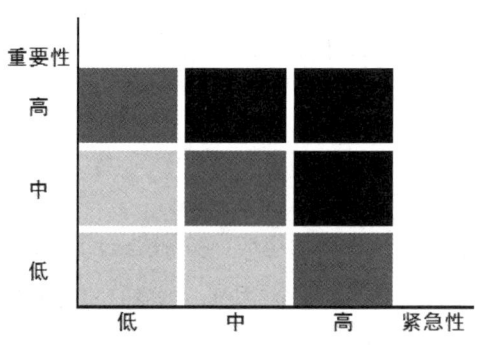

图5-7 重要性与紧急性二维矩阵

6. 难易度与收益性二维矩阵

难易度与收益性二维矩阵帮助我们对实施方案或任务进行排序或选择。

通过对两个因素的评估，方案通常分为四类。

在组织资源有限的情况下，可以考虑按下图5-8中呈现的顺序进行方案选择：

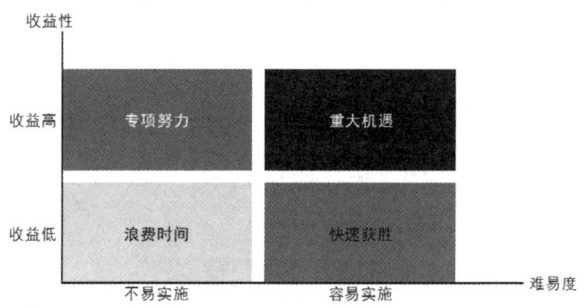

图5-8 难易度与收益性二维矩阵

- 易实施且收益高：属于重大机遇，应立即纳入实施范围。

- 易实施但收益低：可以快速实施，勿以利小而不为。
- 难实施但收益大：应该以专项形式，根据组织的资源大小分步实施，对战略与业务影响越大，则排序越靠前。
- 难实施又收益不高：放弃。

在组织的战略布局需要的情况下，可以考虑按下列顺序进行方案选择：

- 难实施但收益高：这是战略重地，须调拨力量专项攻坚难占领的战略控制点。
- 易实施且收益高：这属于经营机遇，应在不违背战略方向的基础上立即实施。
- 易实施但收益低：待定，资源分配以满足战略任务为主。
- 难实施又收益不高：放弃。

7. SWOT 矩阵

SWOT 是对内部优势、劣势、外部的机会和威胁因素进行综合分析，制定计划的一项决策分析工具。它的基本思路是要充分发挥优势因素，克服弱势因素；有效利用机会因素化解威胁因素；考虑过去，立足当前，着眼未来。如图 5-9 所示。

关键要素理解：

- S（strength）：是优势，企业内部独特资源、能力。
- W（weakness）：是劣势，竞争方面的短板。
- O（opportunities）：是机会，政策机会、市场增量、新客户渠道出现。
- T（threats）：是威胁，竞争对手攻击、替代品出现等。

策略类别：

- SO策略：把握优势，抓住机会，例如应用资源收购战略控制点资源。
- ST策略：利用优势化解威胁，例如利用资金实力购买专利避免对手起诉。

- WO策略：弥补不足，争取机会，例如联合外部人才达到投标资格。
- WT策略：弥补不足，避免威胁，例如互补型弱势企业联合经营互补避免失败。

如图所示。

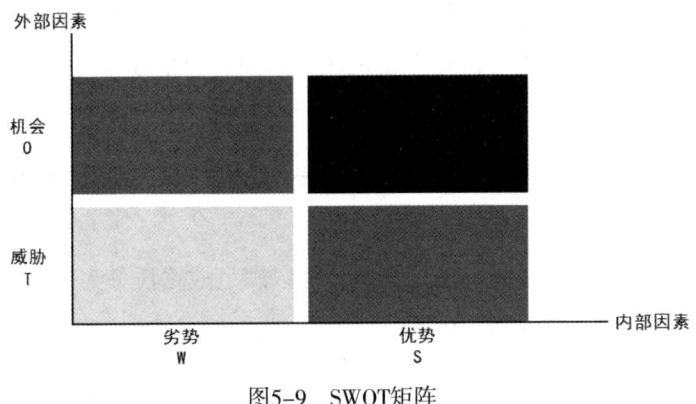

图5-9 SWOT矩阵

8. 目标分析SMART原则

管理大师彼得·德鲁克的《管理的实践》提出目标分析五大原则：

- 目标必须是具体的（Specific）：易识别、易判断，具有明确的结果，能一句话说清楚。
- 目标必须是可以衡量的（Measurable）：可评价、可量化或可用几个关键事件点判断，验证相关绩效指标的数据或者信息是可以获得的。
- 目标必须是可以达到的（Attainable）：付出努力的情况下具有可行性、可实现性，不是异想天开的目标。
- 目标必须和目标保持相关性（Relevant）：和战略或目的相关，和职能与职责相关，有价值有意义。
- 目标必须具有明确的时间限制（Time-based）：有时间区间，以年度、月度还是其他为单位。

借助SMART原则验证目标或指标的合理性：见表5-1。

表5-1 目标分析SMART原则

SMART原则	S Specific 具体的	M Measurable 可以衡量的	A Attainable 可以达到的	R Relevant 目标保持相关性	T Time-based 时间限制	识别计分 总分
目标/指标						
目标1						
目标2						
目标3						
指标1						
指标2						
指标3						

9. 聚焦式会话问题设计模版

围绕一个对话主题，模版采用总分总的设计方式：

● 启动阶段：背景说明，开场白、说明理性和感性的目的。

● 对话阶段：按ORID的逻辑，分四个子阶段进行（详细见第四章第一部分）。

● 收尾阶段：总结、致谢。

见表5-2。

表5-2 聚集式会话问题设计模板

对话主题：			
背景		理性目的	
开场白		感性目的	
数据层面问题		（呈现客观事实）	
体验层面问题		（感性主观反应）	
理解层面问题		（理性事实分析）	
次定层面问题		（基于事实和分析的行动）	
结束语			

二、表单

1. 复盘十步分解表

复盘表的设计结构匹配 GOAL 的逻辑，分为四个模块：

- 回顾模块：对照目标与实现、完成情况进行收集。
- 差异模块：对完成情况进行评价，找差距，找亮点。
- 分析模块：通过回顾对成败因素进行识别与汇集。
- 行动模块：在总结经验的基础上制订行动计划，计划分为三类（开始类、继续类、停止类），见表5-3。

表5-3　复盘十步分解表

G回顾目标	O评估结果	A分析原因		L总结规律
1.当初目的	4.亮点	6.过程回顾		9.经验&规律
2.最初目标				
3.关键里程碑	5.不足	7.成功要素	8.失败原因	10.行动计划
				开始做
				继续做
				停止做

2. 方案选择矩阵表

方案选择矩阵表用于对多个解决方案进行评估与选择，逻辑上还是采取因素加权平均的方式进行评估。

操作方式：

- 通过集团评估列出方案选择方面组织最关注的要素，填写在评价标准列的空格中。
- 根据组织对各因素的关注程度给权重赋值，权重合计为100%。
- 分别为不同方案的不同因素打分，备注评分原因。
- 计算每一项的加权分数。
- 汇总、比较每个方案的总得分，用于方案的选择参考。见表5-4。

表5-4 方案选择矩阵表

评价标准	权重	方案1 打分	方案1 加权分	方案1 评分原因	方案2 打分	方案2 加权分	方案2 评分原因	方案3 打分	方案3 加权分	方案3 评分原因
1										
2										
3										
4										
5										
6										
方案加权得分										

3. 方案风险分析表

方案风险分析表用于对可能的风险点进行评估与预防，适用于经营风险分析也适用于方案风险分析。

操作方式：

- 通过分析罗列风险点，填写到风险识别点栏位。
- 评估每个风险点发生的可能性（概率），数值在0~1之间。
- 评估每个风险点影响力大小，数值在1~5之间。
- 计算每个风险点的风险系数，按得分大小降序排列（得分大的排到前面），大于3的风险列为高风险，大于2小于3的都为中风险，其他的为低风险。

● 针对得分高的风险进行管理，评估风险可能的原因及找到对应预防措施，明确措施的负责人。见表5-5。

表5-5　方案风险分析表

风险识别点	风险评估 （按1-5打分）			造成风险的原因	预防举措	负责人
发生概率	影响程度	风险系数				
1						
2						
3						
4						
5						
6						

4. 策略（方案）行动计划表

策略（方案）行动计划表是参照GE公司的《行动计划表》设计的有益于组织策略落实与方案实施开展的一个管理表单。见表5-6。

表单含三个模块：方案描述、陈述行动策略与资源、行动步骤分工。

● 第一模块方案描述：将方案内容及其目的进行说明，推行组员名单。

● 第二模块陈述行动策略与资源：细化目标（按过程或按内容模块进行，要求不遗漏不重复）、资源需求描述（人、财、物、组织制度、知识库、培训等）。

● 第三模块行动步骤分工：确定行动关键步骤（里程碑节点）、确定原责任人与时间期限。

表5-6　策略（方案）行动计划表

策略（方案）行动计划表	
行动策略（方案）：	日期：
策略（方案）推行组长：	策略小组成员：

续表

行动策略的细化目标（或检验标准）	行动步骤	责任人	起止期限
•	•		
•			
•			
•			
•			
资源（资金、人员、材料、支持）	•		
•	•		
•	•		
•	•		
•	•		
•	•		

5. 鱼缸会议记录表

鱼缸会议记录表用于"水"对于"鱼"的评价。一方面，"鱼"在聆听的过程中会记录来自"水"的意见，这是一个视角的行为；本表是从另一个视角，即从"水"的角度去评价"鱼"。见表5-7。

两个视角的信息结合在一起之后，"鱼"可以更充分理解"水"对其评价的实际意义，弥补语言本身信息交流过程中的信息衰减或解读偏差的问题，提高沟通效果。

操作说明：

在现场评价完"鱼"之后，立即填写本表，以便保持当时的思考"热度"。

本表有三个主要模块：正向评价模块、负向评价模块、补充评价模块。

● 正向评价模块：列举优点及其表现事例，明确自己的未来期待点。

● 负向评价模块：列举不足及其相关事实，明确建议与调整目标。

● 补充评价模块：列举非直接的从第三方经验陈述中获取的正向评价内

容，印证、补充鱼的观点或加强对"鱼"的鼓励。见表5-7。

表5-7　鱼缸会议记录表

反馈对象姓名	你对他人的建设性反馈内容	在项目推动或工作过程中，他做了哪些事件让你觉得他做得很好？	你希望他在接下来的项目推动或工作中提供哪些方面的智慧或支持？
		在项目推动或工作过程中，他做了哪些事件让你觉得不是很有效或很妥当？	你希望他在接下来的项目推动或工作中哪些方面需要调整或改变？
备注	1.请思考其他伙伴与你的合作中，你通过什么事件发现了他们的优点，请把事件和你对他们的评价一起反馈。 2.反馈结束后，请将你写的小卡片给到你反馈的伙伴。			

三、其他武器

1. 龙虎榜

行动学习龙虎榜是各小组在整个行动学习过程中应用的竞争成绩记录表，主要应用于课堂共创环节。

使用说明：

● 课堂分组与启动时将完成组别、组名、口号的填写。

● 分组过程中民主产生或事先设置三个学习角色：队长、学习委员、生活委员。

● 基本分建议以100分作为起点。

● 课堂竞争得分包括课堂问答、练习、汇报、测试等综合得分，由行动学习引导师和内容专家在过程中评价，由行动学习教务人员记录与计算。

● 课后复盘得分包括课后复盘的速度、质量及分享过程学员互评得出，由行动学习教务人员记录与计算。

● 作品得分主要指方案、策略、计划的评比与得分。见表5-8。

表5-8　行动学习龙虎榜

组别	组名	口号	队长	学习委员	生活委员	基本分	出勤得分	课堂竞争加分	课后复盘得分	作品得分	目前总分	目前排名
第1组												
第2组												
第3组												
第4组												
第5组												
第6组												

2. 行动学习分组名单

行动学习分组名单作为分组管理的工具，通常列在《学员手册》中，提供学员的个人信息及其所在组织的信息，方便学员之间的交流与融合。

分组可以按两个逻辑进行，第一是按多元化分类，将主价值链人员与职能人员混合，有利于行动学习使用综合视角；第二种方式是按专业分组或按产品分组，这有利于对某个产业的专项研究与问题的解决。

在同一个课堂共创程序里，两类分组方式可以交替使用。

为解决原始小组的小组得分计算问题，改变分组之后，每个人员的得分可以由行动学习助教统计后归入原始小组之中。

LOGO可以是公司LOGO，也可以是班组的LOGO。见表5-9。

表5-9　行动学习分组名单

LOGO	行动学习××项目××班级		班主任	
			助教	
			引导师	
分组	姓名	部门名称	岗位名称	联系电话
第1组				
第2组				

3. 课堂共创计划表

课堂共创计划表是根据教学设计内容制作，应用于"课堂共创"过程中的具体设计表。这个表一方面帮助教学实施人员明确教学内容与进行相关资源的准备，另一方面也是学员时教学节奏和设计逻辑的一个预览，有利于学员结合自身情况安排学习计划。见表5-10。

使用方法：

● 时间明细：日期、小时、分钟，例如"5月15日9：00-10：15"。

● 课程模块的分类逻辑是其分类按照教学设计预设的，行动学习通常都会涉及个人领导力成长类、专业类、实战议题类。

● 主题与内容要点来源教学设计的学习地图，以及开班之前讲师与教学人员的"打磨"。

表5-10　课堂共创计划表

时间	课程模块	主题	内容要点	课时	讲师
	启动会				
	破冰				
	专业课				
	领导力				
	实战课				
	关闭会				

本章小结

本章介绍与行动学习中的问题分析及解决密切相关的若干工具，包括逻辑树、鱼骨图、柏拉图、甘特图、重要性与紧急性二维矩阵、难易度与收益性二维矩阵、SWOT矩阵、目标分析SMART原则、聚焦式会话问题设计模版等。

为帮助行动学习顺利开展，本章也提供学习过程中在复盘、促动和方案实施时用的表单，包括复盘十步分解表、方案选择矩阵表、方案风险分析表、策略（方案）行动计划表、鱼缸会议记录表等。

第六章
行动学习课程图解

为了帮助企业更容易理解和使用行动学习，为组织赋能，我们将行动学习的原理、流程、技术与工具的知识要素整理提炼，开发配套的课程，以图示的方式呈现出来。

一、行动学习金字塔图解

1. 行动学习 1733 模型

- 1：知行合一
- 7：七个流程
- 3：三类技术
- 3：三类工具

2. 行动学习金字塔图解

如图 6-1 所示。

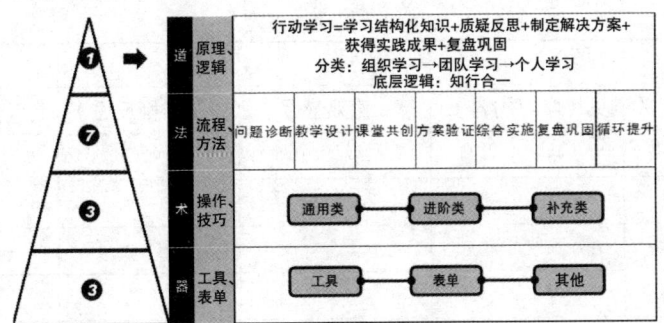

图6-1 行动学习金字塔

3. 学习复盘纲要

见表 6-1。

表6-1 学习复盘纲要

知识点	见（学习内容）	感（直观感受）	思（质疑反思）	行（行动计划）
1733模型				
1				

续表

知识点				
7				
3				
3				

二、道的图解

1. 行动学习定义图解

如图6-2所示，并见表6-2。

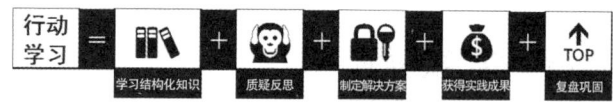

图6-2　行动学习定义

表6-2　行动学习定义

知识点				
行动学习定义	见（学习内容）	感（直观感受）	思（质疑反思）	行（行动计划）
结构化知识				
质疑反思				
解决方案				
实践成果				
复盘巩固				

2. 学习分类图解

如图6-3所示，并见表6-3。

图6-3　学习分类

表6-3 学习分类

知识点 学习分类	见（学习内容）	感（直观感受）	思（质疑反思）	行（行动计划）
组织学习				
团队学习				
个人学习				

3. 底层逻辑图解

如图 6-4 所示，并见表 6-4。

图6-4 底层逻辑

表6-4 底层逻辑

知识点 底层逻辑	见（学习内容）	感（直观感受）	思（质疑反思）	行（行动计划）
知				
行				
合				
一				

备注：

● 从知到行是理论联系实际的过程。

● 从行到合是沉浸式体验的阶段。

● 从知到一就是致良知。

● 从知到知行合一是不断重复成为习惯。

三、法的图解

1. 问题诊断图解

如图 6-5 所示，并见表 6-5。

图6-5　问题诊断

表6-5　问题诊断

知识点				
问题诊断	见（学习内容）	感（直观感受）	思（质疑反思）	行（行动计划）
经营差距				
机会差距				
管理差距				
学习课题				

2. 教学设计图解

如图 6-6 所示，并见表 6-6。

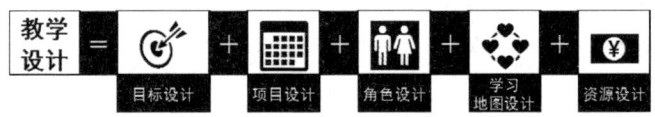

图6-6　教学设计

表6-6　教学设计

知识点				
教学设计	见（学习内容）	感（直观感受）	思（质疑反思）	行（行动计划）
目标设计				

续表

知识点				
教学设计	见（学习内容）	感（直观感受）	思（质疑反思）	行（行动计划）
项目设计				
角色设计				
学习地图设计				
资源设计				

3. 课堂共创图解

如图 6-7 所示，并见表 6-7。

图6-7　课堂共创

表6-7　课堂共创

知识点				
课堂共创	见（学习内容）	感（直观感受）	思（质疑反思）	行（行动计划）
启动会				
结构化知识输入				
知识复盘				
互动反思				
问题剖析				
创新焦点				
方案决策				
阶段关闭会				

4. 方案验证图解

如图 6-8 所示，并见表 6-8。

图6-8　方案验证

表6-8　方案验证

知识点 方案验证	见（学习内容）	感（直观感受）	思（质疑反思）	行（行动计划）
关键群体访谈				
方案模拟运行				
方案小结调整				

5. 综合实施

如图6-9所示，并见表6-9。

图6-9　综合实施

表6-8　综合实施

知识点 综合实施	见（学习内容）	感（直观感受）	思（质疑反思）	行（行动计划）
确认实施范围				
实施切换计划				
实施过程监控				
异常处置				
配套模块启动				

6. 复盘巩固图解

如图6-10所示，并见表6-10。

图6-10　复盘巩固

表6-10　复盘巩固

知识点 复盘巩固	见（学习内容）	感（直观感受）	思（质疑反思）	行（行动计划）
项目复盘验收				
知识管理				
制度优化				
信息化				
心智模式转变				

7. 循环提升图解

如图6-11所示，并见表6-11。

图6-11　循环提升

表6-11　循环提升

知识点 循环提升	见（学习内容）	感（直观感受）	思（质疑反思）	行（行动计划）
覆盖面设计				
新项目设计				

四、术的图解

1. 复盘图解

如图6-12所示,并见表6-12。

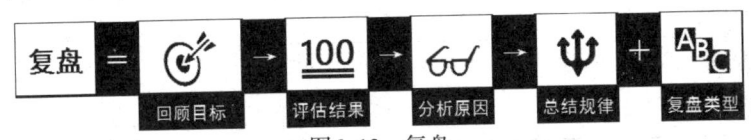

图6-12 复盘

表6-12 复盘

知识点				
复盘	见(学习内容)	感(直观感受)	思(质疑反思)	行(行动计划)
回顾目标				
评估结果				
分析原因				
总结规律				
复盘的类型				

2. 头脑风暴

如图6-13所示,并见表6-13。

图6-13 头脑风暴

表6-13　头脑风暴

知识点			
头脑风暴	见（学习内容）	感（直观感受）	思（质疑反思）	行（行动计划）
会议准备				
明确方向				
开场引导				
发挥个人创意				
观点澄清				
回顾补充				

3. 六顶思考帽图解

如图6-14所示，并见表6-14。

图6-14　六顶思考帽

表6-14　六顶思考帽

知识点			
六顶思考帽	见（学习内容）	感（直观感受）	思（质疑反思）	行（行动计划）
白				
绿				
黄				
黑				
红				
蓝				

4. 团队列名图解

如图6-15所示，并见表6-15。

177

图6-15　团队列名

表6-14　团队列名

知识点 团队列名	见（学习内容）	感（直观感受）	思（质疑反思）	行（行动计划）
主题说明				
个人提案				
分组讨论				
提案分类				
诠释表达				

5. 开放空间

如图6-16所示，并见表6-16。

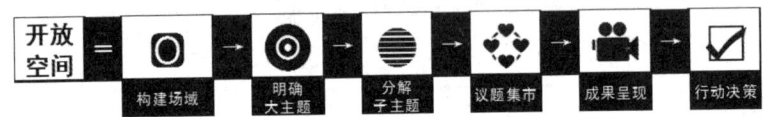

图6-16　开放空间

表6-16　开放空间

知识点 开放空间	见（学习内容）	感（直观感受）	思（质疑反思）	行（行动计划）
构建场域				
明确大主题				
分解子主题				
议题集市				
成果呈现				
行动决策				

6. 世界咖啡图解

如图 6-17 所示，并见表 6-17。

图6-17 世界咖啡

表6-17 世界咖啡

知识点				
世界咖啡	见（学习内容）	感（直观感受）	思（质疑反思）	行（行动计划）
情境布局				
开场引导				
聚焦主题				
主题研讨				
自由流动				
观点链接				
共享成果				

7. 城镇会议图解

如图 6-18 所示，并见表 6-18。

图6-18 城镇会议

表6-18 城镇会议

知识点				
城镇会议	见（学习内容）	感（直观感受）	思（质疑反思）	行（行动计划）
规则说明				
方案介绍				
方案评审				
制订行动计划				
计划评审				
决策判断				
组间循环				
会议结束				

8. 群策群力图解

如图6-19所示，并见表6-19。

图6-19 群策群力

表6-19 群策群力

知识点				
群策群力	见（学习内容）	感（直观感受）	思（质疑反思）	行（行动计划）
列举现象				
识别问题				
识别要因				
梳理逻辑				
聚焦关键				
寻找目标				
制定解决方案				
验证方案				

续表

知识点				
群策群力	见（学习内容）	感（直观感受）	思（质疑反思）	行（行动计划）
城镇会议				
方案分工				

9. 聚焦式会话图解

如图 6-20 所示，并见表 6-20。

图6-20　聚焦式会话

表6-20　聚焦式会话

知识点				
聚焦式会话	见（学习内容）	感（直观感受）	思（质疑反思）	行（行动计划）
目标设置				
会话准备				
启动对话				
数据层面				
体验层面				
理解层面				
决定层面				
总结				

10. 欣赏式探询图解

如图 6-21 所示，并见表 6-21。

图6-21　欣赏式探询

表6-21 欣赏式探询

知识点 欣赏式探询	见（学习内容）	感（直观感受）	思（质疑反思）	行（行动计划）
准备				
发现				
梦想				
设计				
实现				

11. 鱼缸会议图解

如图6-22所示，并见表6-22。

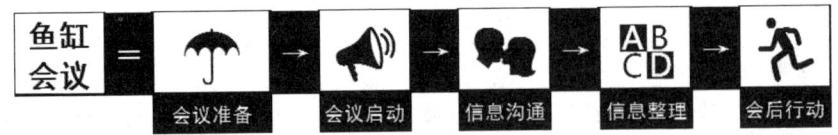

图6-22 鱼缸会议

表6-22 鱼缸会议

知识点 鱼缸会议	见（学习内容）	感（直观感受）	思（质疑反思）	行（行动计划）
会议准备				
会议启动				
信息沟通				
信息整理				
会后行动				

12. 私人董事会图解

如图6-23所示，并见表6-23。

第六章 行动学习课程图解

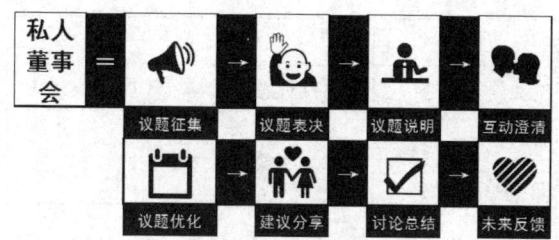

图6-23 私人董事会

表6-23 私人董事会

知识点				
私人董事会	见（学习内容）	感（直观感受）	思（质疑反思）	行（行动计划）
议题征集				
议题表决				
议题说明				
互动澄清				
议题优化				
建议分享				
讨论总结				
未来反馈				

13. 未来探索图解

如图 6-24 所示，并见表 6-24。

图6-24 未来探索

表6-24 未来探索

知识点				
未来探索	见（学习内容）	感（直观感受）	思（质疑反思）	行（行动计划）
聚焦过去				
聚焦现在				
聚焦未来				

183

知识点				
未来探索	见（学习内容）	感（直观感受）	思（质疑反思）	行（行动计划）
凝聚共识				
制定行动方案				

14. 话题世界杯图解

如图 6-25 所示，并见表 6-25。

图6-25　话题世界杯

表6-25　话题世界杯

知识点				
话题世界杯	见（学习内容）	感（直观感受）	思（质疑反思）	行（行动计划）
赛前准备				
启动说明				
上半场				
中场小结				
下半场				
终场总结				
制定行动方案				

本章小结

本章是对行动学习道法术的图示，同时也是介绍读者或学员如何用ORID工具复盘和反思。

下一章，我们将介绍行动学习的应用场景。

第七章
应用场景

企业行动学习是为经营服务的，最终是为实现企业战略目标服务的。

我们结合多年的企业管理工作与咨询实践，设计"战略导向的行动学习体系"作为企业管理者、专业人员行动学习设计与实施的参考。

这张图是经营视角的企业行动学习端到端全流程逻辑展现，即跳出行动学习本身去看行动学习，从更宏观的范围定位行动学习。如图7-1所示。

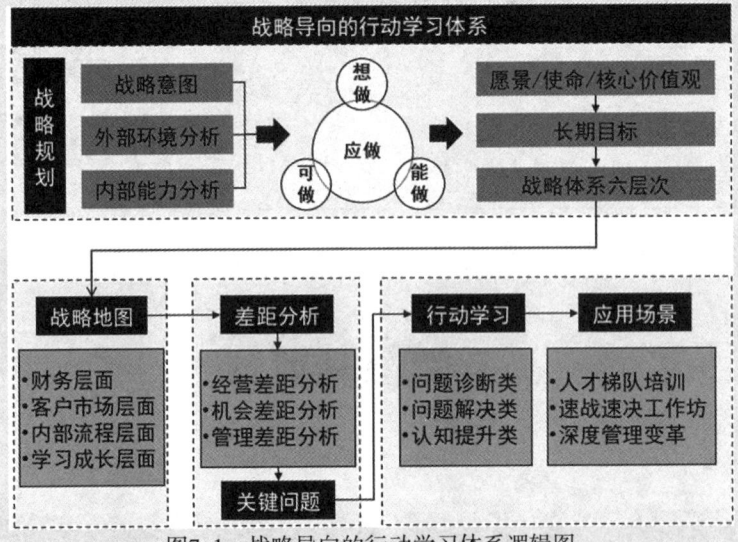

图7-1　战略导向的行动学习体系逻辑图

一、战略规划解读

战略规划模块解读从战略流程的输入、过程、输出三个维度进行。

战略规划流程的输入内容包括：

- 战略意图：企业利益相关者的意志导入，包括股东需要、董事会指引等。
- 外部环境分析：通过分析宏观经济对行业的影响或潜在影响、行业供需结构变化、竞争者动态，识别它们为企业经营带来的机遇和造成威胁的因素。
- 内部能力分析：盘点企业的核心能力（技术、品牌等）与资源（人才、资本、独特物质等），找出自身的优势、劣势。

战略规划流程本质上就是在"想做""可做""能做"之间找到"应做"部分的业务。可采用的工具比较多，常用的包括：

- SWOT
- GE矩阵
- 波士顿矩阵

战略规划流程的输出内容包括：

- 使命、愿景、价值观体系的更新。
- 中长期战略目标的设定。
- 3年至5年的战略规划体系。

我们认为战略规划体系应该包括六个层次才是完整的：

- 战略目标：主要是量化目标，利润、营业收入、市场规模与排名等。
- 公司战略：产业组合、业务层次、实际方式等战略。
- 商业模式：活动范围、盈利模式、战略控制点等。
- 管控模式：公司治理、管控设计、权限设计等。

- 业务战略：产品组合、竞争策略等。
- 职能战略：职能定位、职能发展策略等。

二、战略地图解读[①]

企业使用战略地图进行战略解码实际上是四个维度的自上而下和自下而上结合的过程。

1. 企业战略的任务分解——自上而下

从财务维度开始，从股东的视角和要求出发（注：这里以企业方为视角，政府及非营利组织不在本文的讨论范围之内）。根据战略目标去考虑业务层面的实现方式和策略，并在确定产品与市场策略后，组织内部价值链满足客户对卖点的诉求。如图7-2所示。

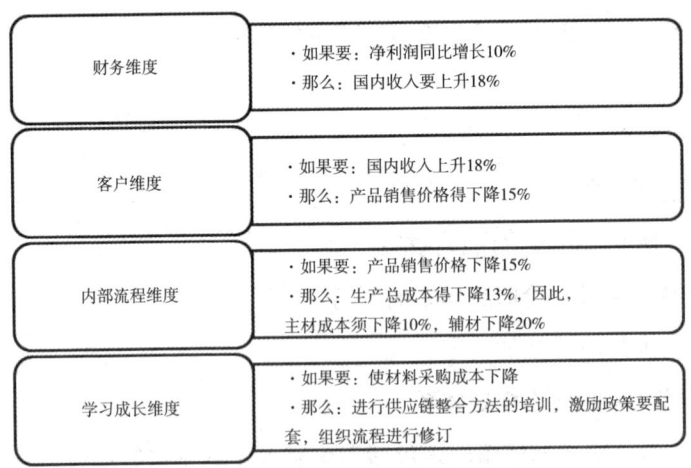

图7-2　自上而下的战略地图解码

案例：A公司的战略目标在盈利方面是净利润提升10%，则思考的方式是

[①] 本节引自本书作者另一本专著《企业增值——高管管理三支剑＝战略 × 价值链优势 × 组织效能》

以终为始，从10%出发思考影响利润高低的两个要素：从收入和成本去分解。

2. 战略任务的实施路径——自下而上

完成自上而下的思考，A企业可以提炼出将实现的重点项目如下：

- 中国市场销售收入上升18%（销售部）。
- 生产总成本下降13%（采购部+生产部）。
- 配合采购成本下降进行培训、设计绩效产品、优化制度（人力资源部）。

实施战略重点任务的路径方面，该战略地图的逻辑是从人开始突破，因为计划再完美都得靠人去实现。因此，首先是对采购人员进行能力培养和激励制度的宣讲，并且采购配合完成与降成本相关的流程优化和去除部门间的阻碍，并用制度去规范业务行为。只有具备流程和制度的基础及团队的能力和动力，采购成本降低才是"打有准备的战"。这个基础很大程度上决定着降成本能否实现，进而影响生成总成本和最终利润增长目标的完成。由此可见，战略解码的实施路径是自下而上地运用战略地图，如图7-3：

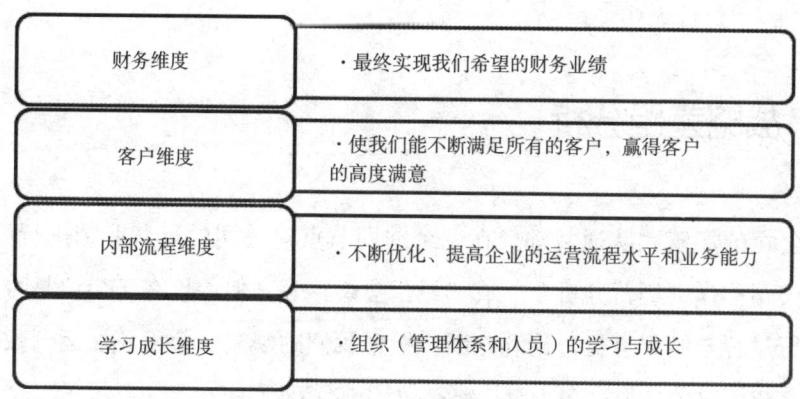

图7-3 自下而上的战略实施路径

3. 绘制战略地图

在战略澄清与解码的过程中，我们通常应用战略地图的"图"去理顺逻辑思路，验证可行性。以 A 公司为例，其战略地图可能的绘制形式如图 7-4 所示：

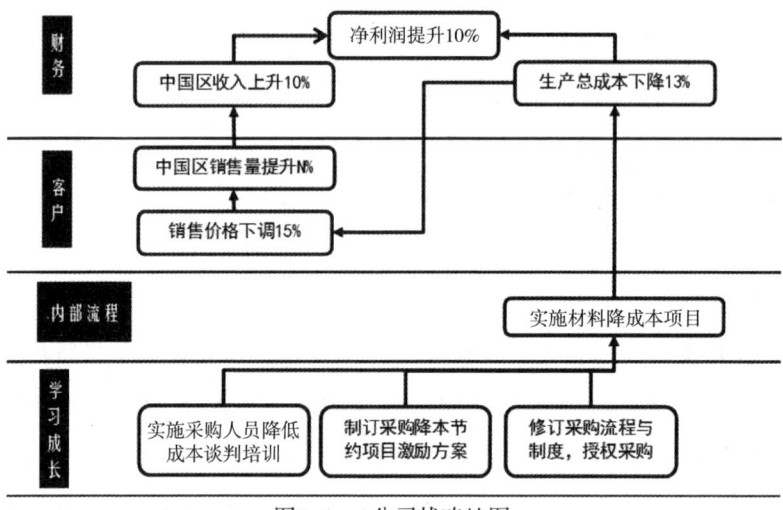

图7-4　A公司战略地图

应用战略地图为战略的执行进行排兵布阵之后，我们需要借助战略地图三个环节行动去实现企业战略管理的闭环循环：战略执行回顾、战略调整、组织调整。

三、战略差距分析

公司的经营团队通常都会在一个周期节点对公司的运营业绩进行回顾，有的公司称作"经营分析会"或"经营会议"等，但差别在于会议是否对战略执行过程与结果进行讨论和判断。根据我们的观察，会议关注运营数据和绩效完成情况的情形远多于对战略有效性进行判断。

在运营数据的背后，企业在哪个点上的指标与预期指标有偏差？是有利偏差还是不利偏差？发生偏差是内部因素还是外部因素为主要？

如果这个因素继续放大或持续作用，这个偏差点所影响的预期战略目标将会发生什么变化？

这个结果将为战略地图上的与之相关联的战略目标带来什么影响？对于整体战略目标将会有多少比例的影响？如图 7-5 所示。

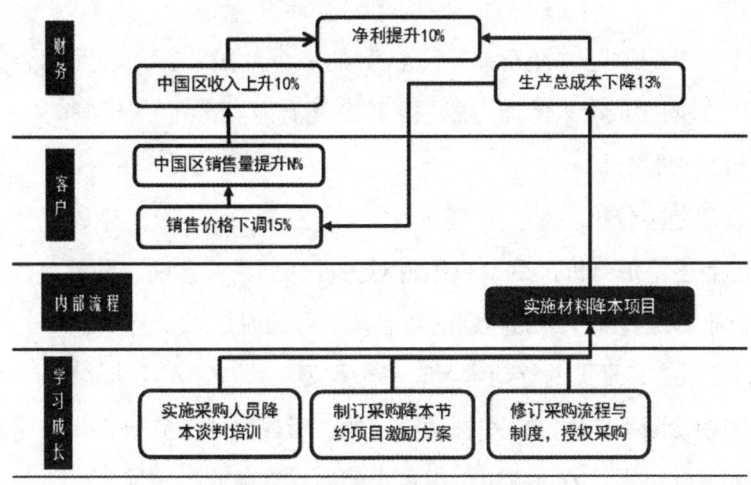

图7-5　战略地图假设分析

以 A 公司的战略地图为例，当经营会议收到报告，看到采购成本下降的项目实施进展不理想，预期将比原计划推迟两个月才能达到年初战略计划的成本的要求。通常我们没有结合战略地图去思考这个结果时，会计算这两个月将比原计划多付出的成本，采购部门进行检讨之后会议可能就转向其他议题。

然而，若将战略地图作为会议的讨论参照，我们将发现，两个月的延迟将影响的是总成本目标达到的时间会拖延，进而影响到市场的降价预期和市场开发的进展，最终可能导致"净利同比上升 10%"的目标无法实现。

这就是把视角从运营上升到战略之后的连锁反应，据此，应对的措施恐怕就不仅仅是采购部门的纠正或加速，还需要考虑其他降本的可能性，比如调整人工班次来提升制造设备利用率或分析其他总成本项目的构成去找机会。

如果总成本方面确实无法达成目标，那另一方面就得另外考虑市场这个层面的选择：是按原计划降价还是维持价格？在原有的渠道方面还可能找到哪一些增量来弥补内部成本的损失，通过销量增加进一步摊薄单位产品成本？

总之，结合战略地图的战略执行回顾，对执行情况的偏差进行多次"如果……那么……"的推演，找出各种有利于企业达成战略目标的措施和可行性预测。

上述这个例子是"经营差距分析"的一个片段，行动学习的企业问题（组织的关键问题或个人的能力瓶颈）诊断还有两类[①]：

● 机会差距分析

● 管理差距分析

经过上述差距分析之后，组织将对关键问题进行诊断，并针对性地解决问题。企业暂无明确答案的问题就是启动学习的时机。

如前所述[②]，常见的行动学习有三个类型：

● 问题诊断类：关注、挖掘关键问题，形成建议任务卡。

● 问题解决类：着重解决组织重大问题，突破业绩瓶颈。

● 意识提升类：主要通过模拟组织重大问题，提升学员的心智能力和解决问题的能力，同时触发学员对于团队的主要问题的解决。

作为企业行动学习的规划者，要明白这三类行动学习需要具体应用场景去"呈现"的，主要的应用场景包括三类：

● 人才梯队培训：例如华为大学、厦钨学院高管班行动学习。

● 速战速决工作坊：例如用友大学"夏令营"行动学习[③]、南京寒锐钴业集团"战略到绩效"行动学习。

● 深度管理变革：例如GE的业务管理课程（Business Management Course，BMC）行动学习、中钨高新钻石钨的"人力资源体系变革"行动学习。

---

① 详见第三章"问题诊断"内容。
② 详见第三章"教学设计"内容。
③ 田俊国，杨业松，刘智勇. 玩转行动学习：用友大学最佳实践揭秘[M]. 北京：电子工业出版社，2016.3.

行动学习的类别与应用场景的对应没有完全清晰的边界，但可以粗略地按表7-1进行"映射"：

表7-1　行动学习类别与应用场景对应

行动学习应用场景	行动学习类别
人才梯队培训	意识提升类、问题诊断类
速战速决工作坊	问题解决类（轻度）
深度管理变革	问题解决类（深度）

四、应用场景1：人才梯队培训

随着企业竞争加剧，企业各级的干部领导者必须处理复杂的自适应系统，在快速变化和混沌的条件下工作。这就要求领导者提升人际沟通能力以及解决问题和采取行动的能力，同时能在工作中谦卑而有韧性。要做到这些，管理者往往需要在领导力和心智模式两个方面进行提升。行动学习恰恰对学员个人的领导力、心智模式提升具有显著作用；同时，它还能通过反思性探询将隐性知识转为显性知识，提高管理者的反思能力。

1. 领导力培训主题

- 战略规划流程与方法
- 战略工具实操
- 商业模式设计
- 集团管控设计
- 组织架构设计
- 战略地图绘制
- 职能战略规划编制
- 年度经营计划编制

- 全面预算管理体系的建设
- 战略绩效管理体系的建设
- 人才盘点与组织发展

2. 专业内容培训主题

- 建设生产计划管理体系
- 精益生产管理
- 全面质量管理体系建设
- 营销渠道体系建设
- 供应商管理体系建设
- 研发管理体系建设
- 任职资格管理体系建设
- 企业大学与行动学习

……

3. 认知提升的原理

大家或许听过"真心英雄"这首歌，里面有一句词是："不经历风雨，怎能见彩虹？"

个人的蜕变往往也需要一个面对磨难、挑战自我的过程，其背后的原理是人的成长是未来行为模式的不断优化，行动模式背后又是心智模式在控制。

坎贝尔《前面英雄》中提出英雄成长的十二步定律是好莱坞编剧的套用模式。

- 第一阶段：英雄所生活的正常世界，世俗、平常的世界描绘展现。
- 第二阶段：冒险召唤，突发的刺激事件发生，英雄面临所必须面对的挑战，去冒险。
- 第三阶段：英雄是迟疑的英雄，拒绝召唤，英雄一般会在冒险的出发点上犹豫不决，有着未知的恐惧。

- 第四阶段：英雄得到了智慧长者的帮助，碰见导师。
- 第五阶段：英雄越过第一道边界。
- 第六阶段：英雄遭遇考验并遇到帮手、考验、伙伴和敌人。
- 第七阶段：英雄抵达最深的洞穴，或者称为这个异世界的中心。
- 第八阶段：经受磨难，英雄的命运是坠入谷底，面临死亡的危险。
- 第九阶段：英雄得到了圣剑，掌握圣剑，得到报酬。
- 第十阶段：返回的路阶段，处理后事，离开特殊世界。
- 第十一阶段：复活，在回到正常世界前再次受到考验，通过最后一次的净化。
- 第十二阶段：携带万能药回归。

行动学习的设计也符合上述程序：

- 学员原都是管理者或优秀者，有自己的行动模式和心智模式。
- 聚集在一起学习，兴奋也自信，但听说要面对组织的关键问题，有些不安。
- 面对重要问题，成功率不确定，信心不足，产生后退的动机。
- 这时引导师出现，表示会在行动学习过程中提供结构化知识和工具。
- 行动学习小组开始研究问题，跨出第一步。
- 问题很棘手，小组意见也不统一，机遇与苦难交织着。
- 问题逐渐深入核心，小组讨论互动越来越深入。
- 遇到巨大挑战，包括小组内部和外部竞争压力，反思、痛苦考验心智。
- 发现转机，逐步找到出路，思维模式开始转变。
- 形成方案，遇到实施困难和资源困境。
- 再次克服困难，通过评审，心灵再次提升。
- 带着行动计划走向工作实际。

4. 管理者领导力提升的标志：情商提高

情商是一个你能够感受但无法说清其构成的能力，以下几个维度[①]可衡量内容以作为参考，它们的呈现与增强也贯穿整个行动学习过程。

- 自我意识敏锐度：观察自我及识别情绪的能力。
- 情绪管理能力：处理情绪，使情绪适当释放的能力，意识到情绪背后的东西，找到应对恐惧、焦虑、愤怒和悲伤的方法。
- 自我激励力：引导情绪服务于目标，情绪能自我控制，延迟满足和控制令人窒息的冲动。
- 同理心：对他人的情绪和关注点敏感，并能站在他人的角度来看问题，对于人们看待事物的不同方式表示欣赏。
- 引导力：管理他人情绪的能力，这种能力包括社会能力和社会技能。

5. 成功案例解析：厦钨学院的高管班培训

厦钨学院是厦门钨业集团干部培养的摇篮，自2012年创办以来，厦钨学院的"高管班"项目成为企业快速发展期核心管理人才的孵化地，有力地支持集团业务年营收实现从50亿元到200亿元的跨越。

厦钨学院以行动学习作为人才培养和推动管理变革的抓手，始终贯彻"以解决问题为导向"的理念推动培训与业务联动。高管们每年在学院进行10天至15天的封闭培训，以企业面临的实际问题为牵引设计课程，结合高管业绩与个人测评实施"训战结合"的综合赋能。

厦钨学院的高管班教学设计思路是以解决问题为学习主线，在行动学习过程中结合团队互动和思考提升干部的专业度和领导力水平，进而提升整个组织的管理梯队准备度，为业务扩张与管理水平提升提供助力。

高管班核心课程内容设计框架：

- 专业课：根据高管的经营分工，按行政、经营、技术、生产等进行分

[①] 迈克尔·马奎特.行动学习实务操作：设计、实施与评估[M].北京：中国人民大学出版社，2013.11.

科设计；同时针对企业重大变革项目进行全员知识与信息的普及，例如战略体系、目标绩效体系、国际先进制造体系等的介绍讲解。

● 领导力课：结合胜任力模型评估然后设置三年课程，强化组织管理能力，为企业不断延伸的新产业和新方向提供能力支撑。

● 实战课：从高管面临的经营问题出发，提炼共性问题，利用行动学习的引导与促动，发动团队的力量帮助各小组成员解决其所在团队的关键问题。

● 读书会：在培训期间配合上述课程补充必要的知识与信息。

● 管理沙龙：结合行业特征考虑的管理对话与交流。

● 论文：学习复盘与行动计划合一，理论与实践合一的"行动宣言"。

● 行动学习课题实施总结：对学习成果的综合验收与个人成熟度的评估。

高管班核心流程设计方案：

● 收集问题

● 选定主题

● 组建小组

● 向小组介绍问题或任务

● 结构化知识导入

● 重新定义问题

● 提出行动策略

● 采取行动

● 年度复盘总结

在高管班的成功实践的基础上，厦钨学院 2015 年开始延伸行动学习的范围到中层经理和专业梯队人员层面。

厦钨学院案例是国内企业大学较为成功的案例，回顾厦钨学院近十年的发展历程，它既是先进管理理念导入的窗口，也成为企业文化建设和宣传的阵地。国内企业可以借鉴的行动学习理念是：问题导向，活学活用，急用先学。

五、应用场景2：速战速决工作坊

1. 工作坊主要框架

20世纪60年代美国的劳伦斯·哈普林（Lawence Harplin）将"工作坊"的概念引用到都市计划之中，作为不同立场、不同族群的人们思考、探讨、相互交流的一种方式。在企业经营中，工作坊方法常用于需要解决分歧、达成共识的重要事项，如确定战略选择，作出重大决定等；或者用于需要集思广益、形成决策的重要事项，如重要分析、关键项目攻关等。

行动学习工作坊特点：

- 实战性：运用行动学习法，现场针对学员带来的实际问题给出对策。
- 互动性：以学员为中心，综合运用各种培训方式、方法，"做中学""学中做"。
- 系统性：不但介绍管理工具、管理方法，还介绍工具、方法背后蕴含的管理理论并应用。

工作坊主要流程：

- 先确定引导师。（对引导师要求较高，须兼有引导方法和专业领域洞见。）
- 进行充分的前期准备，提供备选方案和研讨依据。
- 结构化知识的导入。
- 要有明确的主题、目的和焦点目标。
- 参与者清楚职责，充分参与，兼容共创。
- 要有引导达成共识的方式、规则，如投票等。
- 要确认成果，形成共识、约定。

2. 工作坊主要内容设计

我们选择企业在经营中最常见的问题和内容进行结构化、系统化的设计，针对不同规模的企业工作坊提出差异性的工作坊内容建议。也就是说，我们将目标体系、流程体系、激励体系作为三大内容模块，希望能为企业的行动学习策划者提供一张参考"地图"。

● 中小企业：以市场目标为牵引力，梳理关键业务流程，考核与激励关键岗位人员。

● 中型企业：作为中型企业面临中期目标的设计，因此在小型企业目标的基础上加上战略的内容，同时全年度经营计划进行落地；激励方面，在小企业考量基础上补充薪酬的设计和优化的内容，让中型企业的薪酬体系化。

● 大型企业：一般是集团型企业适用，补充集团管控设计、人才梯队建设等相关内容。如图7-6所示。

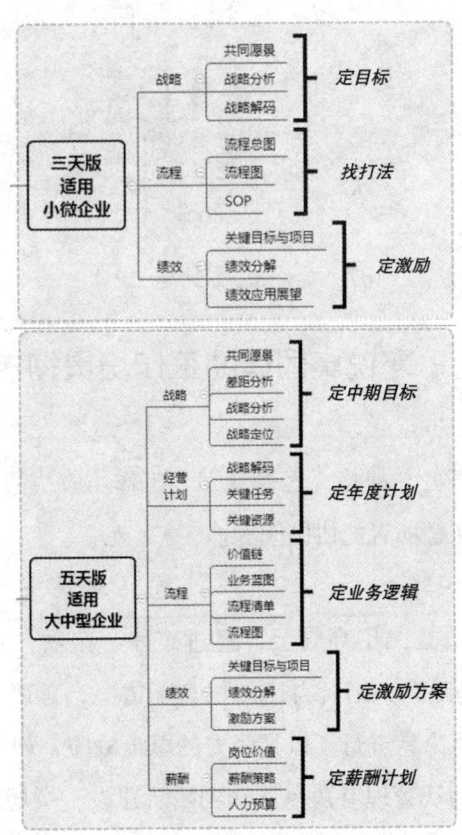

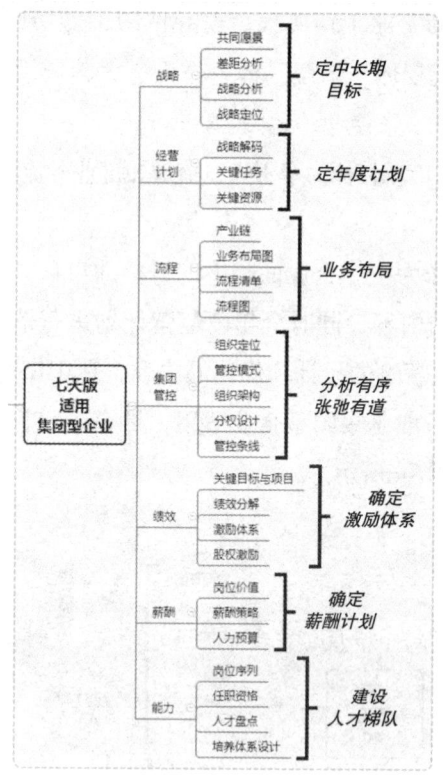

图7-6 工作坊主要内容设计

3. 成功案例：寒锐集团借助工作坊贯彻执行战略与经营计划

寒锐集团通过开办"战略－经营计划"工作坊解决战略、经营计划、全面预算与绩效管理课题四者的协同问题。

（1）结构化知识导入

工作坊学员来自集团中高管层，经过破冰分组后，在学习结构化知识"平衡积分卡"的基础上，结合自己岗位实际情况，着眼于实际管理工作需求，展开了深入的讨论，进行了极具张力的思维碰撞，现场氛围热烈。

领导力课程老师从管理者角色认知到团队建设，层层深入地讲解了管理的本质及角色认知与定位，并就PDCA管理工具展开了深入分析，通过案例分析和现场互动让大家对PDCA管理工具有更深刻的理解和领悟。

经营计划&预算老师从年度经营计划概述、年度经营计划制定全流程、年度经营计划编制步骤三个方面系统讲解了年度经营计划制定的方法理论。专业内容方面，老师还详细介绍了差距分析、市场洞察、战略意图等七个年度经营计划制定的流程步骤，梳理了企业管理中战略、规划、计划、预算、执行、绩效和奖惩七个组成、四大模块，引发了学员们的深入思考。寒锐集团工作坊现场情况如图7-7所示。

图7-7　寒锐集团工作坊现场情况

（2）战略与管理意图导入

在结构化知识学习之后，集团管理者梁董事长结合当前政治环境、经济内外循环情况及行业形势，对集团战略进行了系统阐述，让参训的管理人员对集团的战略布局有了全面的认识和理解，为下一步经营计划的制定提供了指导依据。

随着公司进入发展的不同阶段，需要相应的管理工作配套，那么管理者就需要具备对应的能力。公司开展绩效考核管理工作，是为了保障战略落地，需要以战略为经营管理活动起点，搭建"战略、计划、预算、绩效"四位一体的管理体系。

（3）实战演练

引导师按照"Why → How → What"的思路，以小组为单位学习公司年度经营计划制定。

每个小组代表指定公司，对所分配公司的经营计划制定进行现场演练。各小组成员在前期结构知识学习的基础上，展开了深入讨论，从战略思考到当年的差距分析，再到下一年的战略拟定，都进行了激烈的思维碰撞和卓有成效的分析。如图7-8所示。

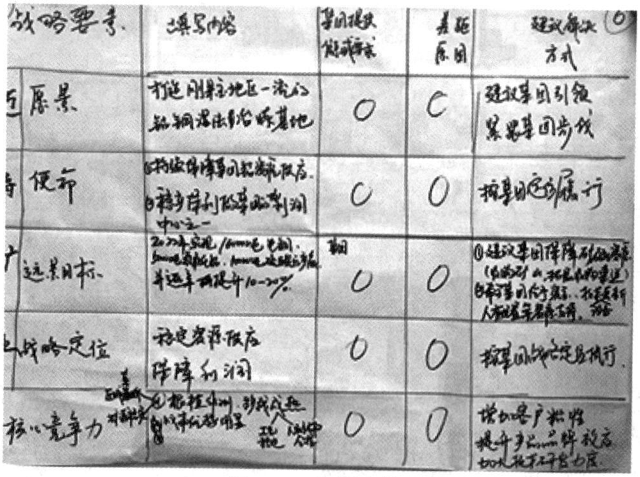

图7-8　实战演练

（4）质疑与反思

在战略地图方案设计环节，引导师的速度、内容完整性、逻辑严密性等维度对学员进行质疑，引导学员自主反思与完善"作品"。关键策略与行动计划的团队展示环节中，引导师先引导各组之间互评借鉴，然后提供细致点评，让管理者团队对经营计划制定的思路行进完成从知到行的"最后一公里"。

（5）方案汇报

第三天下午，集团下属各公司对下一年经营计划的第一稿进行了汇报、讨论。非洲公司以视频会议的方式参加了汇报和讨论。远程课堂采用材料自学和老师线上答疑的办法，帮助非洲公司完成年度计划的科学拟制。

（6）阶段小结

通过行动学习的方式创新管理理念是寒锐集团推动公司高质量发展的重要手段。通过行动学习，公司管理梯队将在管理理念上与时俱进，赋能管理团队更有凝聚力和战斗力。

在引导师的主导下，工作坊产生优秀小组和个人；老师提供《平衡计分卡》《战略地图》《流程管理》等图书作为结构化知识补充材料，继续引导学员深入学习，为后续的实际应用奠定基础。

六、应用场景3：深度管理变革

1. 战略落地穿透变革线

如图7-9所示。

图7-9 战略落地穿透变革线

企业战略管理体系在实操中是"战略规划—年度经营计划—全面预算—目标绩效"的变革线。用一句简单的句来概括就是："做正确的事。"

- 战略规划是公司五年的中期目标、策略、发展模式的集合。
- 年度经营计划是以一年为周期的落实战略规划的详细任务计划。
- 全面预算和年度经营计划密不可分，是配合年度经营计划的资源保障。
- 目标绩效是在承接战略规划、年度经营计划的基础上设计的衡量进展的"仪表盘"。

整个战略变革深度落实全周期约三年，行动学习配套的设计思路见表7-2、表7-3、表7-4。

表7-2 行动学习第一年设计思路

当年（启动第一年）				
5月	6月	11月	11月	12月
准备	战略	年度经营计划	全面预算	目标绩效

续表

当年（启动第一年）				
学习结构化知识	●	●	●	●
质疑反思	●	●	●	●
制定解决方案	●	●	●	●
获得实践成果	/	/	/	/
复盘巩固	/	/	/	/

第一年重在知识化结构导入，形成四位一体的体系匹配。学习过程中引导师应格外注重对于过去管理方式的引导提问，引发反思。四者最常见问题在于：

- 模块不完整。
- 模块不匹配。
- 模块颗粒度不一致。
- 模块内容不专业。

解决方案是初步引导学员按科学的模板和流程制订四位一体的相关内容，第一年解决的是体系框架的构建问题，内容本身未必是最重要的。

表7-3　行动学习第二年设计思路

次年（第二年）				
5月	6月	11月	11月	12月
准备	战略	年度经营计划	全面预算	目标绩效
学习结构化知识	/	/	/	/
质疑反思	/	●	●	●
制定解决方案	/	●	●	●
获得实践成果	○	●	●	●
复盘巩固	/	○	○	○

第二年侧重对年度业务完成情况的质疑与反思，形成新的解决方案，为新一轮经营计划的进行提供输入内容和意图。

与年度计划匹配的预算和目标绩效也是按年度更新。

战略模块不是第二年的重点，战略在这个阶段只有回顾和反思阶段性成果时有一定作用，因为时间太短，判断战略的成效还太早。

在行动学习的基础上，结合经营计划、预算、绩效的流程和制度有一定调整或优化的需求，将部分修订。

表7-4 行动学习第三年设计思路

第三年				
5月	6月	11月	11月	12月
准备	战略	年度经营计划	全面预算	目标绩效
学习结构化知识	○	○	/	/
质疑反思	○	●	●	●
制定解决方案	/	●	●	●
获得实践成果	○	●	●	●
复盘巩固	●	●	●	●

第三年将在战略复盘、战略分析等知构化知识方面进行补充，为战略成果思考进行铺垫。

根据战略的成效，当年着重对战略进行思考，同时完成对四位一体的流程、制度、工具、表单的固化和推广。

经过三年为周期的行动学习，企业整体的指挥系统和目标系统已经搭建完成，后续主要管理者都在同一流程中使用同一管理语言进行交流和行动，整体战略有效性得以提升。

2. 价值链高效运营线

如图7-10所示。

图7-10 价值链高效运营线

"流程—运营—分析—改进"的四位一体是经营日常的管理闭环模式，管理成果是主价值链条中的效率提升和成本下降。用一句简单的话来概括就是："正确地做事"。

流程是运营效率提升的基础，因此流程管理需要形成的是一套"认识流程、建立流程、优化流程、运作流程"的体系。这是第一年行动学习的重点。见表7-5。

表7-5 行动学习第一年设计思路

当年（启动第一年）				
3月	4月	6月	11月	12月
准备	流程管理	运营管理	运营分析	业绩改进
学习结构化知识	●	○	○	○
质疑反思	●	●	●	●
制定解决方案	●	/	/	/
获得实践成果	/	/	/	/
复盘巩固	/	/	/	/

第二年的核心是针对企业主价值链的重点运营环节进行管理研讨与思考，通常制造型企业会选择"研、产、销"这三个主要职能来开展行动学习。同时，这一年的行动学习也安排对运营分析结构化知识的导入与分析架构的初步设计。

流程管理方面，第二年要验收第一年的成果并且标准化。见表7-6

表7-6 行动学习第二年设计思路

次年（第二年）				
3月	4月	6月	11月	12月
准备	流程管理	运营管理	运营分析	业绩改进
学习结构化知识	/	●	●	/
质疑反思	●	●	●	●
制定解决方案	/	●	●	○
获得实践成果	●	●	○	○
复盘巩固	●	●	/	/

第三年重点在于运营改进，通过行动学习将改善后的思维和工具植入管

理者的行动习惯之中，只有管理者带头进行运营改进，整个企业才能形成自上而下的改进文化，为企业持续进步带来源源不断的动力。见表7-7。

表7-7　行动学习第三年设计思路

第三年				
3月	4月	5月	6月	7月
准备	流程管理	运营管理	运营分析	业绩改进
学习结构化知识	/	○	/	●
质疑反思	●	●	●	●
制定解决方案	/	●	/	●
获得实践成果	/	●	●	●
复盘巩固	/	●	●	●

经过以三年为周期的行动学习，企业整体的运营系统进入自我优化、自我增强的轨道，企业的运营效率将沿着科学的路径增速，直观地表述就是运营体系变得"更顺更快"。

3. 组织赋能强化线

如图7-11所示。

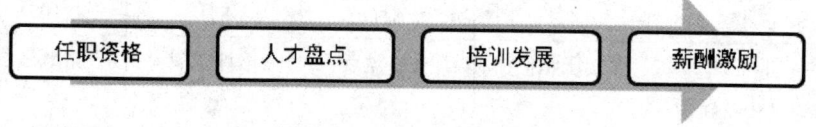

图7-11　组织赋能强化线

"任职资格—人才盘点—培训发展—薪酬激励"是对人才梯队的"选、用、育、留"进行整体优化的一个闭环。战略落地穿透变革线和价值链高效运营线主要解决组织业务能力的问题，组织赋能强化线则关注对人才的管理能力。

任正非说："人才非企业核心竞争力，对人才的管理能力才是。"

组织赋能强化线解决的就是企业"对人才的管理能力"。

第一年行动学习关键的模块并不是"选、用、育"，而是"留"！为什么？根据我们的实践，企业对人才体系的优化，80%都是从薪酬绩效入手的。在优化薪酬绩效政策的时候，也一并将岗位进行梳理和优化。见表7-8。

表7-8 行动学习第一年设计思路

当年（启动第一年）				
3月	4月	6月	8月	10月
准备	确立任职资格	人才盘点	培训发展	薪酬激励
学习结构化知识	○	/	/	●
质疑反思	○	○	○	●
制定解决方案	○	/	/	●
获得实践成果	/	/	/	/
复盘巩固	/	/	/	●

第二年行动学习侧重确定人才标准与盘点，即人才梯队的梳理和优化。因为这是培训的基础，有更适合的人和更明确的用人标准，行动学习的方法更有效果，因为以问题为导向的学习与以胜任模型为导入的学习都来源战略、服务战略。应该说，两者合一能形成合力。见表7-9。

表7-9 行动学习第三年设计思路

第三年				
3月	4月	6月	8月	10月
准备	确立任职资格	人才盘点	培训发展	薪酬激励
学习结构化知识	/	○	●	/
质疑反思	○	○	●	○
制定解决方案	/	/	●	/
获得实践成果	/	/	●	/
复盘巩固	/	/	●	/

经过三年为周期的行动学习，企业整体的人才梯队将进入"有能力又有动力"的良性循环，一方面人才都愿意为战略而奋斗，另一方面人才也逐渐具备战斗的能力。加之战略、经营体系的组织机构保障，人才将各尽其才，让战略执行力可持续，让企业的经营业绩有保障。

4. 成功案例：华润行动学习助力企业管理变革

从2003年下半年开始至2008年，华润集团已经进行了七次集团高层人员的行动学习培训和上百次一级利润中心和下属企业的行动学习培训。在学习过程中，华润逐渐将战略规划、流程梳理与组织能力用行动学习法深度管理变革串联起来，同时结合"平衡计分卡"和"标杆管理"方法把业务和学习内容对接。一方面行动学习推动战略落地，另一方面地图导出战略重点和对标过程中发现的重大问题，也作为行动学习的议题导入，从而形成"赋能—业务"的良性循环。

行动学习法是华润战略管理变革的发动机。

华润集团行动学习的培训研讨从上到下、从集团董事长到一级利润中心总经理，始终都是围绕着"企业多元化战略"这一主线进行的。各利润中心的行动学习培训都是围绕着实现"利润中心专业化"这个目标而进行的，因为只有利润中心专业化了，集团的多元化才会有坚实的基础和保障。

华润提升战略执行力，平衡计分卡起到"纲举目张"的作用，也十分重要。2006年起，华润在清晰战略的基础上通过战略地图进行战略解码，设计财务、客户、流程、学习与成长管理的各类指标。通过这些指标可以衡量战略的实现比例与进展，同时也能监控差距。

华润集团要求各利润中心通过行动学习从战略制定和执行过程中找差距，成绩不谈。要求一级利润中心从两个方面找差距，一是战略制定方面（类似于机会差距分析），二是战略执行方面（类似于经营差距分析、管理差距分析）。例如，在各一级利润中心找差距的行动学习过程中，集团帮助它们寻找适合各自发展需要的总体战略。例如通过掌握行动学习的结论，对资产的买与卖使利润中心专业化水平提高、主业更清晰，同时在行动学习中还根据需要补充重要经营课题，例如营销资源有效整合是战略实施的关键环节，所以营销整合就成了第二次行动学习的课题。

华润集团通过行动学习推动战略规划、战略解码、战略执行三个层面的变革，为业务多元化与快速增长提供巨大能量。竞争对手在评价企业竞争力时这样评价华润："华润电力能够做好的原因并不是因为华润人的专业本身比其他电力企业的人强，而是因为华润电力的战略比较清晰，细化到职工都能够感受到，并且能在实践中坚决落实。"

行动学习法是华润人才赋能变革的利器。

华润集团陈新华董事长表示：没有增长性的战略不是好战略，没有增长能力和业绩的一把手不是称职的一把手。提高执行力和领导力，归根结底是从实践中学习和在反思中学习。

华润行动学习的案例大部分是以本集团的为主，并进行反复的论证与提炼，经过一个由浅入深、由表及里的过程。华润经过对业务实际的总结，归纳出"战略""管理""领导艺术与人力资源管理"是管理者最关键的能力要素。行动学习设计者将三项元素融入课程设计，在课堂共创阶段通过案例介绍、小组研讨与交流，比较系统地总结自己与他人的经验，提高学员战略执行能力的同时，也提高利润中心和服务中心一把手及各级管理人员对实际发生的各类问题进行快速、专业化判断和处理的能力。

华润推动行动学习快速提高了参加培训的经理们的思想认识水平和工作水平，提高了整个集团的创造力和凝聚力。不同背景、不同经验、不同思路的人们都是在对集团重大问题不断统一认识的过程中成长起来的。他们借助行动学习过程中学习到的开放性和创造性，形成凝聚力，推动华润集团从管理者到普通员工心智模式一致化，管理语言一致化，从而构建出崭新的适应竞争的行为文化。

本章小结

本章从战略需求切入，说明战略与行动学习之间的关联逻辑与互动关系。

在战略规划、战略解码、差距分析的前置条件下，本章介绍行动学习的三大应用场景：人才培养、速战速决工作坊、深度管理变革。

下一章，我们一起关注行动学习的主要发生地：企业大学。

第八章
行动学习之场：企业大学

无论是通用电器的"群策群力"还是华润集团的深度管理变革,行动学习通常在企业大学内部的运作中起到"灵魂"作用,而反过来,企业大学则是行动学习实施的"场域"。

对于企业大学的建设与行动学习的配套,本文提供一些经验作为参照。

美国摩托罗拉公司认为:"每投入1美元的培训费,就会产生30美元的产值!"企业大学成了企业竞争力的发动机,著名企业均建有企业大学,比如爱立信学院、惠普商学院、西门子管理学院、忠良书院、厦钨学院等。

企业大学的建设与运作包含四个层面:内容层面、角色层面、流程层面、资源层面。

一、企业大学内容层面设计

企业大学的内容主要是指课程体系、教学项目和配套服务。

1. 企业大学课程体系

企业大学的课程体系通常将设置通用类、领导力类、专业类的清单，这些内容穿插在不同的教学项目中呈现，作为教学设计的主体部分。

通用类课程包括：
- 公司价值体系定义
- 公司人员素质要求与行为准则
- 产品知识与发展趋势
- 通用法律知识
- 商务礼仪
- 公文写作
- 表达、演讲能力
- 汇报材料编制（如使用金字塔原则）
- 优秀人士的七个习惯
- 时间管理

……

领导力课程包括：
- 高绩效团队管理
- 绩效沟通
- 冲突管理
- 有效授权
- 业绩管理

- 激励艺术
- 压力管理
- 教练技巧
- 目标管理
- 愿景式领导
- 情境领导

……

专业类课程包括：
- 战略分析与规划
- 年度经营计划
- 全面预算管理
- 目标绩效管理
- 流程管理
- 内控管理
- 运作管理
- 项目管理
- 经营分析
- 人力资源管理
- 职能战略与规划
- 组织变革
- 集团管控
- 生产管理
- 营销管理

……

2. 企业大学教学项目

教学项目主要是针对教学目标设置的课程与过程集合，例如通用公司的"公司领导力发展系统（CLD）"项目、"业务管理课程（Business Management

Course，BMC）"项目。

真正的企业大学必须打造精品培训项目。

精品项目的唯一定义是：能解决企业实际问题。

精品项目的设计是在明确服务战略、服务业务的基础上因材施教，通过多种形式和手段结合，促进组织能力提升和业务成长。其主要流程包括：

● 明确教学目标与评估方式（推荐使用柯式四级评估法）。
● 选定学习群体"演员"。
● 设计教学内容（ASK）与教学方式。
● 态度（A）改变靠讨论。
● 技能（S）培训看实操练习。
● 知识内容的掌握（K）应通过考试。
● 心智模式（P）重塑靠团队互动与质疑、反思。
● 设计内容大纲和逻辑。
● 内容串联形成教学"脚本"。
● 通过"学习心电图"检查教学"脚本"。
● 实施教学。
● 总结目标成果并改进设计。

企业中三类实际问题包括业务性问题、战略性问题和能力性问题，对应的是行动学习问题的机会差距分析、经营差距分析和管理差距分析。

笔者深深认同田俊国老师的一个观点：企业大学的教学应该做到"问题是课纲，学员是老师，老师是催化师。"

中兴通讯公司的"蓝色领导力发展项目"可以归为"管理差距分析"后对于组织能力和人才梯队的发展项目。如图8-1所示。

图8-1　中兴通讯蓝色领导力发展项目LOGO

● Z-Blue是中兴通讯领导力发展体系的总称，中兴蓝沉稳、持久、广阔。向上的波浪形Z-Blue既代表海浪，意味着蓝海，又是一面飘动的旗帜，意味着管理者所承载的领导责任。

● 六个方块代表蓝色领导力的六个模块。

● 处于台阶上的分别是蔚蓝、火蓝和深蓝计划，对应四后、三后和二后培养计划，其他三个分别是三层、四层读书班和新任管理干部读书班。

项目设计框架：

● 以CGO领导力素质模型为核心。

● 以选拔、培养、任用为领导力发展一体化为模式

● 包含深蓝（二后）、火蓝（三后）、蔚蓝（四后）三个子项目。

子项目一：深蓝项目

● 三类学习方式：跨界学习、高管拓展、私人董事会等，通过这三种方式发展核心能力。

● 植入行动学习的挑战性任务，通过制定挑战性的目标提升领导力，并提升公司盈利。

子项目二：火蓝计划

● 采用导师制，为三后选择二层或者资深三层做导师，快速提升其领导力。

● 植入行动学习的挑战性任务，通过制定挑战性的目标提升领导力，并提升公司盈利。

子项目三：蔚蓝计划

● 选拔的同时关注高潜和高绩效，以确保在四层岗位上能创造高绩效。

● 为200人制定定制化的方案，使其能快速上岗。

干部读书班目标：

● 统一思想：统一干部在公司战略方向、重点经营举措（如集约化）方面的认识。

● 凝聚人心：通过公司所取得市场突破的展示、高层领导深入的参与和干部间坦诚的交流增强管理干部信心，使所有人为共同的目标而努力。

- 问题解决：通过对关键问题群策群力地研讨，为问题的解决或具体政策的制订提供思路。
- 思维拓展：通过对外部创新经验的交流学习，拓展创新思维，提升创新管理能力。

项目价值衡量与验收评估方式：
- 维度一：提升人均收入贡献。
- 维度二：提升利润贡献。

企业大学必须衡量培训投资对推动企业发展的真正价值，比如确立一些指标，用它们来衡量企业大学对企业人力资本、企业内部和外部客户以及最终对实现企业经营目标和战略产生的影响。上述中兴的评估指标可以供参考，其他的一些指标也可以参照。

- 受训者满意度或员工满意度
- 培训产品与服务质量
- 运行费用
- 企业文化分数评估
- 企业大学年收入额、净利润
- 雇主品牌评估

3. 企业大学配套服务

企业大学的配套服务最常见的是人才测评中心服务与深度咨询服务。

人才测评中心服务是根据企业的行业属性、战略岗位需求开发出的覆盖关键岗位的胜任力模型以及测评模块、测试题目。测评中心通过个性素质特征、通识概念、通用技能、岗位技能的全方位专业测评考试，从"管理自己""管理团队""管理业务"三个层面客观挖掘被测者的综合实力。

人才测评中心服务适用于人才盘点、社会招聘、校园招聘等情境，它能有效协助企业选拔出合适的人才，并对人才自身的长短进行针对性的反馈，形成人才差异性的发展建议。这也为人才的培养提供一个输入。

当然，企业大学有可能会与一些测评机构合作，一方面是丰富测评工具技术内容，另一方面弥补行业大数据样本不足，有利于内部人才向市场横向比较。可选的测评厂商较多，国外有 SHL、DDI、励矜、TTI、善择，国内的北森、中智、倍智、诺姆四达、智鼎、诺姆四达、禾思、中智、猎聘、前程无忧、智联等都是比较常见的选择。实际上，没有绝对好的测评公司，得根据企业的需求进行筛选。有的企业大学的人才测评中心会根据测评人群的不同进行多项选择，也可能是在自有的测评工具基础上补充一些项目。

测评中心当然也可以使用一些免费的测评工具降低运营成本，例如极鱼咨询公司开发的"奥利给干部领导力测评（完整版）"提供在线答题，通过70道题的自测输出管理经验、领导力驱动因素、思维能力、领导特质、思维敏锐度等，评估分数和领导潜力指数、专家指数、创业者指数。这为个人的发展提供一个参照：走管理路线还是专家路线，或是创业路线。

深度咨询服务是企业大学配套服务的另一项主要内容。

企业大学咨询主要是借助公司内部顾问和专家的力量，为事业部或业务单元的重大问题提供技术或管理方面的解决方案。由于内部的专家和管理者对企业的了解具有足够的深度，在提供咨询时将节约了解成本、降低偏差风险。例如厦钨学院为厦门钨业提供薪酬设计、绩效管理优化、人才任职资格体系搭建等集团内部服务。

当下最普遍的企业大学咨询服务还是结合行动学习的方式，让学员来解决企业的关键问题。专家和顾问在这个过程中提供结构化知识的输入或作为引导师进行过程辅导。这样的组合一来解决顾问资源有限的问题，二来也是通过行动学习培养学员自行解决问题的能力（他们未来也是潜在的顾问来源）。

二、企业大学角色层面设计

无论企业大学如何设置组织架构和岗位，本质上，企业大学的核心参与角色就是教研角色、教学角色、学员角色与行政支持角色。

1. 教研角色

教研可以认为就是"教学研究",是对课程、教材、教法的设计与规划的活动,是将教学的普遍原理、教学法与个体学科教学内容结合起来的应用过程。

教研角色是在上述过程中承担主要促进作用的群体或本身就是研究者的群体,关键职责包括:

- 根据教学目标开展教学设计。
- 制定课程教学标准(内容、教学方式、评估方案等)。
- 组织开展专项课题研究。

企业大学行动学习的教研角色主要工作环节是学习七个步骤中的问题诊断、教学设计、复盘巩固、循环提升。

- 问题诊断:教研人员有责任对企业关键问题进行归类、分析,识别出适合行动学习解决的课题;并将有其他解决方式的问题导出,给对应的处理方(例如对于组织有成熟解决方案的问题,将其直接转到受理解决部门)。
- 教学设计:根据行动学习课题进行。为有效解决问题与培养学员的能力,制订两者匹配的教学流程和专业模块;并匹配合适的教师、引导师。
- 复盘巩固:在问题解决之后,进行知识沉淀和管理标准化也是教研人员在行动学习闭环里需要投入较多精力的环节。一旦组织的难题通过行动学习找到解决方案,则教研人员的作用就是不让其他事业部或单位"重复发明轮子",直接将好的经验共享给整个组织。
- 循环提升:教研人员根据学员的完成情况,视组织发展的需要,将其纳入新的学员群体进行行动学习,例如钻石钨公司在中高管完成人力体系学习后,将基层管理者和骨干人员纳入其覆盖圈。

2. 教务角色

教务角色主要作用是计划和组织整个过程的教学活动，这样可以保证顺利进行教学活动。教务人员为教学活动的行政人员提供服务，在学校教学活动中扮演着策划者和组织者以及管理者的多重身份，其关键职责包括：

- 安排年度培养计划和实施计划。
- 根据教研的教学设计，联系与组织教学资源，开展教学活动。
- 为学员提供学籍管理、行动学习分组、能力测评、学习档案管理、教学结果反馈等服务。
- 为教师、引导师提供教学准备、教学配套和结果评估等辅助服务。

企业大学行动学习的教务角色主要工作环节是学习七个步骤中的课堂共创、方案验证、综合实施三个环节。

- 课堂共创：为教学双方提供主持、串场、启动会、关闭会、研讨辅助等服务。进行这个环节比较常见的困难是讲师资源的开发与寻找和落实，因为教研提供的教学标准和讲师需求未必都能获取；实践经验告诉我们，找到合适的讲师或引导师是非常考验教务的事项。
- 方案验证：根据教学设计，为方案验证提供验证场景和可能的其他方式，例如联系和安排对应的高管或行业专家资源，抑或寻找匹配的验证公司与场所等。
- 综合实施：在综合实施环节跟踪业务进展，统计或收集数据，为教学评估和业务评估提供支持。

3. 教学角色

讲师、引导师、点评高管都在教学角色之列。

讲师主要提供结构化知识，引导师主要通过启发式的提问带动学员反思，高管除了提供信息也帮助决策，也可能提供后续行动资源。三者对于行动学习而言都不可或缺。有的高管是集三者于一身的牛人，他们通常是行动学习含金量最高的群体：懂业务、懂知识，又善于引导学员。杰克·韦尔奇就是典型的复合型讲师。

讲师的要求很多，TTT 的培训都提供了条件明细，这里不进行赘述。核心内容包括几点：

- 知识储备：讲师首先自己要有一桶水，才能给学员一碗水。
- 语言表达：作为讲师，还要声音清晰，学员听着不吃力。
- 心态积极：培训就是以学员为中心的一个服务过程，期间将遇到各种学员和事件，必须持有积极心态面对，管理好情绪。借用田俊国老师的话说就是"活着就要感谢"，"忘却感性烦恼"。
- 身体健康：授课是十分耗费体能的工作，尤其是遇到连续授课的情况时，讲师需要面临精神和体力的双重压力。
- 努力勤勉：付出不亚于任何人的努力。
- 谦虚自律：要谦虚，不要骄傲，每天反省。
- 主动奉献：积善行、思利他。

一位资深的讲师曾调侃说："曾经以为讲师就是知识渊博的人，实际上不仅要有教授的学识、运动员的体力，还要有小品演员的幽默！"笔者作为顾问，也经常以讲师角色为行动学习者提供战略和人力资源的结构化知识，对此观点会心一笑，深表认同。

行动学习的成败很大程度上源于引导师的技术，因为学员最终能否取得业绩依靠其行为改变，而行为又依赖心智模式转换，所以引导师在其中起到十分关键的作用。

引导师核心作用是引导而非控制，他（她）引导、协助团队讨论，协调、平衡各种意见，促进学员多维度思考并达成共识。通过引导，学员将提升解决问题的概率。

引导师与内容讲师的差异比较：

- 引导师以学员为中心，假设问题的答案在学员之中；引导师自身是问题的设计者，学员才是答案的贡献者；引导师关注问题是否能够解决。
- 讲师以知识和内容为中心，假设讲师是内容的输出者，讲师关注内容是否输出和被接受。

对于引导师的要求：

● 聆听：在学员表达观点时少说多听，聚焦于正确理解学员和其观点；善于观察学员表达观点时的情绪；分析其观点背后的假设与逻辑；有时思路没有跟上学员时，可以通过复述学员观点进行验证。

● 引导：用简单而清晰的提问进行引导，例如通过开放式的提问引导学员进行思维发散，通过关闭式的提问引导学员快速总结；能够通过引导针对问题深度进行进阶式的递进挖掘，例如用好5WHY分析法提问；能够通过假设条件变化，引导学员换位思考等。

● 归纳：在理解学员问题的基础上，能够根据MECE原则（不遗漏且不交叉、重叠）进行观点的分类、归纳和总结；能够及时呈现学员的观点，令学员感受到尊重和有兴趣，加深互动；能够及时从学员的观点中识别其逻辑和立场，及时有效地化解与主题的冲突。

● 控场：在与学员初始接触阶段，能够让学员建立互动，形成有效连接；学习过程中，能够适当"制造冲突"引发学员对同一方案的不同思考；在时间控制方面可以在研讨和思考的基础上顺利完成教学计划。

● 反思：遇到问题和困难时进行反思，包括对学员提出质疑和问题自我剖析，促进自身不断进步，实现教学相长。

4. 学员角色

企业大学的学员来源是多元的，可能包括企业内部、外部学员，也可能是管理序列、专业序列、操作序列等多类分工的培养对象。

有人认为企业大学既然是为企业的经营服务的，那学员招收就应当面向内部人员。这个理解是片面的。现代企业的竞争已经上升到供应链与供应链之间的效率竞争，企业上下游伙伴的运营效率如果无法与企业同频，很可能使企业在竞争中处于劣势，企业无法独善其身。在这样的背景下，不少企业都从自身需求点出发，对供应商或客户进行赋能。这样的例子很多，例如飞利浦公司就是通过帮助其关键供应商厦门 TDK 进行供应链管理水平的提升来维持其竞争优势、摩托罗拉大学也通过企业大学帮助上下游伙伴共同实施 6-Sigma 管理来达到质量体系的经营目标。也就是说，企业大学的学员边界是可以突破企业围墙的！常见的"跨界"是在供应链上下游，还有一些学员甚至来自"友商"。

学员分类的另一个维度是专业分工。

管理类的学员主要根据管理阶层划分为：

- 高层经营类学员：例如总经理、副总、事业部经营班子成员。
- 中层管理类学员：例如资源经理、专业领域总监群体。
- 基层执行类学员：例如经理助理、初级经理、资源主管群体。
- 管理预备类学员：例如企业大学的"潜龙班"。

专业序列类学员根据不同的职能分工进行划分，多数企业会配套任职资格的阶梯进行学员分类、分层：

- 销售序列梯队：销售助理、销售专员、销售主管、销售经理、销售总监、销售总经理。
- 技术序列梯队：技术助理、技术员、资深技术员、高级技术员、专家、资深专家。
- 财务序列：初级、中级、高级财务。
- 人力序列：……

操作序列类学员一般也配套技术等级评定或任职资格的阶梯进行学员的分类、分层：

- 设备动力类（钳工、电工、焊工等）：初级工人、中级工人、高级工人、技师。
- 生产操作类：初级工人、中级工人、高级工人、主操。
- 后勤保障类（保安、勤务、清洁等）：一级员工、二级员工、三级员工。

企业大学的培训资源是宝贵的，多数企业大学都是从管理梯队开始切入，当然也有例外。多乐士油漆的关键人才是市场销售队伍人才，因此其切入点是销售序列。操作类的培训一般是委外培养或直接采用劳务外包。

5. 行政辅助与管理角色

企业大学的架构五花八门，有的企业在集团的人力资源部门之下，有的是直接作为利润中心的法人单位设置。其配套的管理角色也差异较大，有的企业大学负责人可能是一个培训经理，有的可能是集团的一把手或副手。不论其岗位和身份如何，企业大学行政管理者的职责主要是：

- 对接企业战略需要，转化为培训目标。
- 根据目标设置中期、长期规划。
- 争取资源，也为资源获得投资回报（培训效果）承担一定责任。
- 代表集团对外交流。
- 学院投资、教研、教务梯队维护。
- 企业文化建设与维护。

企业大学负责人下面一般根据教研、教务和行政进行组织设计与管理人员配备，例如某金属矿山企业大学的架构与关键岗位设置如图8-2所示。

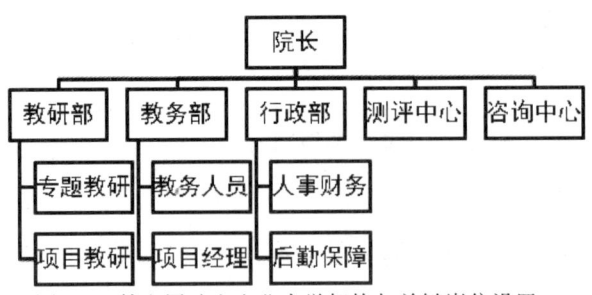

图8-2 某金属矿山企业大学架构与关键岗位设置

三、企业大学流程层面设计

企业大学具备上述的角色和内容之后，还需要运作的流程才能运行。我们根据企业大学实践进行提炼总结，认为三大流程是核心流程：教研流程、教务流程和教学复盘流程。见表 8-1。

表8-1 企业大学实践的三大流程

一级流程	二级流程	三级流程	行动学习必选	素质模型培训必选
企业大学运营流程	教研流程	问题诊断	●	
		确定战略岗位		●
		能力模型		●
		学习地图	●	●
		培训项目	●	●
	教务流程	年度计划	●	
		班级设计	●	●
		开班准备		●
		课堂共创	●	●
		课后管理	●	
	教学复盘	培训评估		●
		过程复盘	●	●
		复盘巩固	●	
		循环提升	●	

1. 教研流程

● 问题诊断：即行动学习七步法中的第一步，从经营、机会、管理三个角度识别组织关键问题，作为行动学习的课题来源。（详见第三章相关内容）

● 确定战略岗位：根据战略地图输出核心岗位与需要的数量，匹配现有人力资源后进行差距分析，包括数量分量、素质能力差距。如图8-3所示。

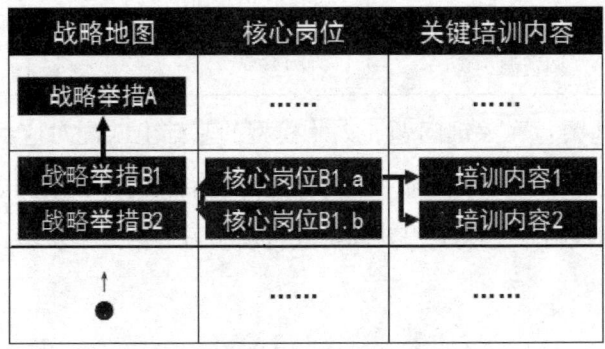

图8-3 战略地图与核心岗位映射关系

225

●能力模型：针对上述核心岗位人员的素质要求、知识标准、行动能力标准等一系列的评价内容建立的模型。有的企业是借助测评中心进行能力模型的建设或购买，有的是以岗位任职资格为能力模型进行人才评估与盘点。如表8-2所示。

表8-2　岗位能力模型示意

能力模块	模块说明	能力项	能力概述	关键行为特征
个性特质	成功因素的性格特质或典型特征，如结果导向、积极主动……	结果导向		
		积极主动		
		主动学习		
专业知识	对于所从事的工作，需要了解、掌握或精通相关通用知识与专业领域的知识，如公司知识、营销知识……	公司知识		
		营销知识		
		产品知识		
领导力	指团队或公司管理者建立团队、善用愿景、理念、激励、授权等领导技能带领与影响组织、创造组织优势的能力	建立销售团队		
		授权委责		
		文化建设		
人际互动	通过人与人之间的各种互动达到所要实现的目标，包括建立互信关系、开展高效沟通、处理冲突与协调资源……	建立互信关系		
		掌握演讲技巧		
		冲突管理		
		协调资源		

●学习地图：在关键问题、人才模型的基础上匹配对应群体的成长路径，以及确定每个"发展台阶"上需要进行的培训内容和培训方式。这个三级流程和培训项目子三级流程共同构成行动学习的第二个步骤，即"教学设计"。见表8-3。

表8-3 学习地图示意

核心岗位	关键培训内容	教学方式
……	……	……
核心岗位B1.a 核心岗位B1.b	培训内容1 培训内容2	案例研究 情境模拟
……	……	……

第一年		第二年		第三年	
战略管理	领导力	变革管理	公司治理	成功建立团队	
A	E	H	K	引领变革	……
B	F	I	L	激励下属	
C	G	J	M	解决冲突	

● 培训项目：根据学习地图上需要培训的内容和人群，结合组织资源与时间进行中长期培训计划的编制，其中的核心是培训项目的组织计划，例如中兴通讯的"蓝色领导力发展项目"。

2. 教务流程

● 年度计划：根据中长期的培训规划以及当年需要实施的项目情况进行月度排程与资源匹配，输出项目甘特图等可视计划文件。

● 班级设计：根据项目计划表分解其中的班级日程，形成周度的开班计划排程，格式见图8-4。

202X年		班主任	项目经理	10月日历表					
项目	班级			日	一	二	三	四	五	六
						1	2	3	4	5	6
A	A1	王XX	陈XX	7	8	9	10	11	12	13
B	B3	张XX	刘XX	14	15	16	17	18	19	20
A	A2	谢XX	陈XX	21	22	23	24	25	26	27
A	A3	谢XX	陈XX	28	29	30	31	1	2	3

图8-4 开班计划排程年历

- 开班准备：根据班级计划为开班进行一系列的准备工作，包括培训通知、学员确认、讲师确认、培训预算申请、培训物质补充、课件材料印制、车辆食宿安排、培训茶歇准备、设备网络测试、短信提示学员与讲师等。

以培训通知为例，内容包括：

- 培训地点（附地图）
- 培训名单
- 课程表
- 训前任务
- 食宿需求调研表
- 班级微信群二维码
- 邮件通知对象为参训人员、培训负责人、人力总监。
- 课堂共创：准备行动学习用的物料，并根据讲师的需求在现场配合教学活动；突发情况应急处置；对重要环节进行拍摄、留影，用于后续公众号等媒介宣传报道。
- 大白纸
- 便利贴
- 白板笔
- 海报胶带
- 投票圆点
- 视觉识别卡
- 记分卡、币
- 录像设备
- 扩音设备
- 横幅
- 龙虎榜计分用品
- 奖品、奖杯、奖状
- 课后管理：行动计划收集；行动学习课后要进行方案试行和综合实

施，因此，教务不仅要根据教学设计联系试点，还要记录过程与效果，后续与教研共同完善教学环节设置。

3. 教学复盘流程

● 培训评估：学员对课程评估，学员满意度评估，班级复盘与总结；班级新闻与热点报道；学员精彩案例与言论萃取与记录；公众号新闻稿发布。

● 过程复盘：以月为单位，对近期教学活动的全流程进行逐步复盘，梳理优点、不足、改进举措。

● 复盘巩固：主要针对行动学习的项目，复盘得失，吸收经验；进行知识管理；进行流程优化与标准化（详见第三章相关内容）。

● 循环提升：主要针对行动学习项目，扩大改善与行动学习的覆盖面；重新设计新的行动学习项目等（详见第三章相关内容）。

四、企业大学资源层面设计

硬件：企业大学最核心的硬件是场地。在大城市寻求一个安静、优美的场地并不容易。作为企业大学，通常需要具备一定的封闭性。教学场地质量与学员的规模、教学方式息息相关。行动学习的引导方式多种多样，学员课堂共创时的活动范围相对较大，一般50人左右的规模需要150至200平方米的教室空间。

软件：一个企业大学最好配合教学管理软件，包括学员信息库、讲师与引导师信息库、课程清单、案例库、历史教学过程记录、课堂共创时的签到、评估、复盘等功能。

高管重视：这是企业大学成功最需要的一条。高管不仅提供资金，还是导师、引导师的主要来源；除此之外，高管重视还体现在培训结果与人员任免之间的管理连接。

总之，企业大学在高管强力支持下才能壮大，而高管持续支持又需要企业大学能为经营服务、为业绩提升提供人才与智力！

本章小结

本章从企业大学建设的内容、角色、流程、资源四个层面简要说明行动学习在企业大学这个场域发生作用的方式。

行动学习让培训能上接战略、下通业绩，是企业大学的灵魂。

附录 行动学习道、法、术、器全表

道：原理逻辑	法：流程方法	术：操作技巧	器：工具表单
行动学习=学习结构化知识 +质疑反思 +制定解决方案 +获得实践成果 +复盘巩固	第一步：问题诊断 第二步：教学设计 第三步：课堂共创 第四步：方案验证 第五步：综合实施 第六步：复盘巩固 第七步：循环提升	决策总结类：复盘 创意发散类：头脑风暴 对话反思类：六顶思考帽 适用于"意识提升类"行动学习的操作技术：团队列名、开放空间。 适用于"问题诊断类"行动学习的操作技术：世界咖啡、团队列名。 适用于"问题解决类"行动学习的操作技术：城镇会议、群策群力。 聚焦式会话 鱼缸会议 欣赏式探询 私人董事会 未来探索 议题世界杯	逻辑树 鱼骨图 柏拉图 甘特图 重要性与紧急性二维矩阵 难易度与收益性二维矩阵 SWOT矩阵 目标分析SMART原则 聚焦式会话问题设计模版 复盘十步分解表 方案选择矩阵表 方案风险分析表 策略（方案）行动计划表 鱼缸会议记录表

后记

这本书的灵感来源对钻石钨行动学习成功案例的复盘。

今年年中的时候,钻石钨公司邀请笔者再次回到培训场地,参加他们为基层干部和骨干人员举办的战略绩效管理专场研讨会。这种严谨和认真的态度令我吃惊,因为人力体系建设咨询项目的完成已经过去近三年,这个体系在李军总经理为代表的管理团队建设之下早已有效运行并内化成管理文化。

我发现实际上无法再贡献什么内容,只能由衷地为他们的成就感到骄傲:过去三年,钻石钨在业务上取得长足的进步,劳动生产率跃居行业第一,产量和效益也不断创新高……为什么他们可以持续成功呢?那几天都在思索这个问题,我认为:成功的关键因素是干部队伍的领导力和执行力!钻石钨公司整个团队的精神面貌和工作严谨性都是其他企业罕见的!

是的,任何管理工具只是工具,关键还是管理者如何学好它、用好它,而行动学习正是塑造团队的重要抓手!在强有力的领导力和战略引导下,钻石钨通过行动学习提升各级管理者执行力,这就是企业的关键成功要素!

既然如此,为什么不将他们的成功案例共享出来呢?于是,我在总结钻石钨经验的基础上,结合国内外数十家行动学习实践案例,提炼出行动学习原理(道)、流程(法)、技术(术)、工具(器),从实操角度将之较系统性地呈现。

能够形成这些文字,首先谢谢钻石钨的李总、熊部长,谢谢你们的最佳实践和对我的信任。同时,也必须感谢厦钨学院的创办者刘同高先生和洪超额副总裁，厦钨学院行动学习的实践也给我的写作不少的启发和思考。最后，我也向培训咨询的同路人表达感谢，因为我们都是行动学习的践行者——在为中国企业赋能的道路上，我们并肩奋斗着，苦乐心知！

最后，还是希望这些文字能对国内企业有所启发吧，毕竟助力中国企业做大做强始终就是我的写作动力！再次冒昧借用孟晚舟的名言来表达这种情感："如果信念有颜色，那一定是中国红！"

陈胜茂
于陕西渭南

参考书目

[1] 雷格·瑞文斯（Reg Revans）.行动学习的本质[M].北京：机械工业出版社，2016.10

[2] 杰克·韦尔奇，杰克·韦尔奇自传：尊享版.[M]北京：中信出版社，2017.7

[3] 陈雨点，王云龙，王安辉.华为战略解码[M].北京：电子工业出版社，2021.9

[4] 马奎特（Marquardt,M.J.），杨（Yeo,R.K.）.行动学习应用：全球最佳实践精粹[M].北京：机械工业出版社，2014.11

[5] 迈克尔·马奎特，罗兰 K·杨.行动学习应用[M].北京：机械工业出版社，2017.3

[6] 迈克尔·马奎特.行动学习实务操作：设计、实施与评估[M].北京：中国人民大学出版社，2013.11

[7] 石鑫.行动学习实战指南[M].北京：清华大学出版社，2019

[8] 葛新红，黄斯涵.跟我们做知识管理[M].北京：北京大学出版社，2014.1

[9] 刘永中.行动学习使用手册：一本书讲透行动学习如何落地[M].北京：北京联合出版社，2015.12

[10] 韦国兵，施英佳.引导式培训[M].北京：电子工业出版社，2018.5

[11] 段泓冰.培训落地促动师[M].北京：北京联合出版公司，2018.3

[12] 石鑫.搞定不确定：行动学习给你答案[M].北京：中华工商联合出版社，2016.10

[13] 田俊国，杨业松，刘智勇．玩转行动学习：用友大学最佳实践揭秘 [M]．北京：电子工业出版社，2016.3

[14] 迈克·佩德勒，克里斯蒂娜·阿博特．行动学习催化秘籍 [M]．北京：机械工业出版社，2016.3

[15] 拉姆·查兰，斯蒂芬·德罗特，詹姆斯·诺埃尔，管理梯队 [M]．北京：机械工业出版社，2016.8

致谢名单

- 厦门钨业集团原董事长刘同高、副总裁洪超额
- 中钨高新集团郴州钻石钨总经理李军、综合部长熊旭宇
- 厦钨鸣鹤董事长王爱莲、总经理金万英
- 金钼集团董事长程方方、副总经理马祥志
- 寒锐钴业集团董事长兼总裁梁杰、人力资源总监徐文卫
- 原中钨高新集团新田岭钨业总经理郭忻兴
- 极鱼管理咨询公司创办人林小黎